KB206301

우리는 모두
아름답게 사라지는 거야

우리가 아름다운 이유는, 단 한 번뿐이라서.
우리가 아름다운 이유는, 딱 한 번뿐이라서.
기어코 우리는, 모두 하나뿐이라서.

많은 것이 변했고, 또 여전해서 다행이야.

사람이 살려면

사람이 살려면 무엇이 필요할까요.

다 있는데 하나 없으면 그건 다가 아니죠.
아무것도 없는데 하나 있으면 그건 전부잖아요.

돌아오는 일

나를 두고 떠났다가 새로운 나를 발견해서 다시 돌아오고,
나를 데리고 떠났다가 그 먼 곳에 스스로를 버리고 돌아오는 일.

때로는 혼자였다가 가끔은 여럿이기도 할 것이며

끝내 마지막에 가닿을 때쯤, 그제야 나를 알게 되는 일.

너머

몇 개의 창문을 내어 살고 있습니까. 당신은.

그 창으로 들이치는 빛에게 고맙다는 말을 건네본 적이 있습니까. 닫힌 창을 통과할 수 있는 것이 빛과 눈빛뿐이라는 사실에 대해 생각해 본 적 있습니까. 빛에는 간혹 마음이 들어있어서 하얗게 서리가 앉는다는 것도 알고 있습니까. 좋은 일을 많이 하면 그 좋은 일들이 우주를 한 바퀴 돌아 다시 내게 도착한다는 사실을 알려주는 사람이 곁에 있습니까.

아름다워지자,
우리

자연이 아름다운 이유는 자유롭기 때문이야.

어느 누구의 눈치도 보지 않고, 있는 그대로의 모습을 보여주니까.

우리도 아름다울 수 있을까?

스스로에게 솔직해지자.

자유를 선물하고, 아름다워지자. 우리.

눈이 부시게

산을 오른다는 건, 나를 배우겠다는 말과 다르지 않다.

새벽을 깨우고 하늘과 가까워지려는 마음을 품는 것만으로도,
우리의 하루는 눈부시게 빛난다.

등산 중 마주친 한 어르신은 내일 모레 여든인데,
30년째 매주 산을 오른다고 하셨다.

산을 오를 땐 항상 겸손해야 한다고 가르쳐 주셨다.
난 그 말을 등에 업고 아주 천천히 발걸음을 옮겼다.

높은 곳에 올라 뒤를 돌아보면
내가 지나온 길 위에서 빛이 났다.

사랑의 모습

お越しのお客様へ
店舗前方の駐車場は、
当店の駐車場では
ありません。
ご来店のお客様は、
駐車しないよう、
お願い致します。

집 앞에 꽃집이 생겼다.

아침에 출근할 때 한 번. 퇴근할 때 한 번.

두 번의 시간을 지나는 동안 아침과 저녁 사이에

사라진 꽃을 셈한다.

꽃집이 아름다운 건, 꽃과 사람 모두 사람을

기다린다는 점에서 그렇다.

존재만으로도 향기롭고, 향기에 마음이 더해져

누군가에게 전해졌을 때의 완전함.

그때의 기분과 기운.

눈빛과 달빛 같은 것들이 더해져서 더 이상의 것은

필요하지 않게 되는데,

우리는 종종 그 장면의 주인공이 되고는 한다.

이번 주말에는 작은 화병을 하나 사고, 그곳에 담을

꽃 한 송이를 데려와야지.

한참을 바라보다가, 며칠 동안 부를 이름을 지어줘야지.

꽃을 들고 선 사람들의 표정에서 느껴지는 설렘. 긴장.

우리는 그걸 다른 말로 사랑이라고 부른다.

이런 걸
불행이라고
할 수 있을까

인생은 선택의 연속이라는 말은
옷을 파는 가게에서까지 이어진다

검정과 하양 파랑과 노랑
나는 언제나
양쪽 모두를 가질 수 있는 사람이 되고 싶었다

누군가는 한치의 고민도 없이
두 가지를 전부 가질 수 있고

나는 수천 번 고민의 끝에서
한 가지도 가질 수가 없었다

이런 걸 불행이라고 할 수 있을까

잘 지내요? 나는
잘 지내요

섬 사람들은 대화의 처음과 끝에 고맙다는 말을 자주 붙였다. 눈이 마주치면 미소를 지어주었고, 테이블에 컵을 내려두거나 계산을 하려고 내민 카드를 다시 돌려줄 때처럼 작은 몸짓에도 정성을 기울이는 모습에 수시로 행복해졌다.

이곳의 말을 할 줄도, 들을 줄도 모르는 나는 많은 순간 벙어리가 되었지만, 그래도 좋았다. 때로는 백 마디의 말보다, 반짝이는 한 번의 눈빛이. 마음을 담아 고개를 숙여 인사하는 나의 몸짓이 더욱 커다란 의미가 되어줄 거라고 믿었으니까.

후라노에서 만난 아저씨는, 이 마을에 언제 왔냐고. 오늘 어디로 떠나느냐고. 언제 다시 돌아가냐고 물어본 후에, 마지막에 덧붙이기를 "지난 밤 눈이 많이 내려 길이 미끄러우니 운전 조심하세요."라는 말을 해주셨다. 나도 보답의 의미로 날이 참 춥다고. 감기 조심하시고 건강하셔야 한다고 말했다. 우리 둘의 기분은 서로를 향해 환하게 번졌다.

서로 마주보고 누가 더 인사를 많이 하는지 내기를 하는 사람처럼 꾸벅꾸벅 계속 인사를 주고 받았다. 지금껏 인생에 단 한 번 마주친 사람이었지만, 앞으로 종종 그리울 것 같다.
그날의 인사가. 그날의 안부가.

언제 다시 돌아갈 수 있을지 모르겠지만. 돌아간다고 표현하는 게 맞는지도 잘 모르겠지만. 그곳에 다시 닿을 날을 기대하고 기다리면서. 이곳에서의 일상 또한 부지런히 살아내야지.

짧은 인사를 나누고 헤어지고. 불확실한 다음을 약속하고. 서로의 앞날을 응원하는 일. 이토록 여행 중에 일어나는 우연한 만남이란 건, 벅차고 아름다운 일.

나의 안쪽이
조금 더 밝게 빛나길 바라면서

새벽에 일어나 남대문 꽃 시장에 갔다.

"학생, 뭐 찾아?"라는 말 덕분에 기분이 화사해졌고 "활짝 핀 흰
백합을 찾고 있어요!"라고 말하자, 이미 피어버린 꽃들은 상품
가치가 없어서 구하기 쉽지 않을 텐데…라고 하셨다. 그래도 난
피어있는 꽃이 필요했기에 조금 더 둘러보다가 결국 피어있는
꽃을 발견해냈고, 하얀 백합 열 송이를 데리고 나왔다.

손에 꽃을 들고 있었을 뿐인데, 무언가를 해낸 사람처럼 자꾸만 웃음이 났다. 이게 꽃이 가진 힘인가. 아름다운 건, 마음과 사람을 아름답게 만든다. 나도 아름다워서, 아름다움으로 물들이는 사람이 되어야지, 하고 잠시 생각했다.

버스를 타고 청파동으로 향했다. 인생 첫 프로필 사진을 촬영하는 날. 일주일 전쯤부터 작가님과 함께 컨셉과 의상을 고르고, 스튜디오도 정했다.

무언가를 준비하는 과정에서 진심 어린 마음을 더하면, 최선의 결과가 나올 거라는 확신을 가지고 진행했던 첫 번째 촬영. 처음엔 얼굴도 붓고, 긴장도 많이 해서 얼굴이 굳어있었는데, 시간이 지나면서 조금씩 편해졌고 자연스러운 표정을 지을 수 있었다. 작가님도, 촬영하는 내내 즐거웠다며 평소보다 많은 셔터를 눌렀다고 웃으며 말했다.

후루룩 넘겨본 카메라 속의 내가 썩 괜찮다는 생각을 했다. 태어나 처음 취해본 포즈에 조금 어색하긴 했어도, 내가 나를 공부하고 있다는 생각을 하니 하나도 지루하지가 않았다. 스스로에게 다정했던 순간들. 애정을 담아 만든 내 책과 함께 사진을 찍을 땐, 왠지 마음 어딘가가 뻐근해지면서 눈물이 날 것 같았다. 모든 것이 협력하여 선을 이뤄가고 있다는 느낌. 결국, 꿈꾸고 바랐던 대로 이루어지고 있다는 기분 좋은 확신까지.

촬영 도중에는 비가 내렸다 그치기를 반복했고, 나의 오른편 창문에선 비가 쏟아지는데 왼편은 해가 쨍쨍한 신기한 경험도 했다. '계절이 나를 가운데 두고, 밀당을 하고 있는 건 아닐까?' 빛이

들이치는 벽에 몸을 가져다 대고, 그 빛을 흠뻑 흡수했다. 나의 안쪽이 조금 더 밝게 빛나길 바라면서. 이전보다 더 환해지기를 기도하면서.

무엇을 하든 마음을 쏟고 진심을 다하는 나의 모습을 담아주고 싶었다는 작가님의 목소리를 듣는데, 엊그제 본 영화의 대사가 떠올랐다. 'Bekind'. 다정하게, 그리고 아름답게. 그렇게 살아야겠다고 다짐했다. 그날은 내게 참 따듯하고 다정했다. 인생의 단 한 번뿐인 순간을 정성스레 담아준 호와로운 작가님께, 감사의 마음을.

그땐 정말 그랬었지

지금까지 겪어내고, 버텨낸 모든 순간들이.
언젠가는 꼭 기쁨과 환희로 바뀌었으면 좋겠다.
'그땐 정말 그랬었지', 이야기 할 수 있는 날이 꼭.
나에게도 꼭 왔으면 좋겠다.

사랑일 확률

스스로 무언가를 계속해서 해내고 있다면,

생각보다 오랜 시간 동안 지속하고 있다면.

그건 사랑일 확률이 높아요.

종종 들여다 봐주세요. 관심을 가지고 또 기울이세요.

모자라지도 쏟아지지도 않도록.

사람은 사랑을 하면 강해져요.

모든 면에서요.

그러니까 우리, 누군가를 혹은 무언가를 사랑하며 살아요.

나는 나를
전공합니다

조금 진부한 이야기처럼 들릴 지도 모르겠지만, 우리는 모두 자기 자신을 전공하고 있는 거예요. 이 전공은 세상에 단 하나뿐이라서, 어딜 가서 누군가에게 배울 수 있는 것도 아니고 큰돈을 주고서 급하게 사 올 수 있는 것도 아니에요. 그저 주어진 시간을 묵묵히 살아가면서 내게 일어나고 벌어지는 모든 사건들에 대해 반응하고 응답하면서 이론을 쌓아가는 거죠. 일단 몸으로 부딪히고 통증을 느끼고 상처가 나고 시간이 지나 아물어 가면서 그렇게 우리는 스스로의 전공자가 되어가는 거예요. 그러니까 아직 완벽히 정의된 무엇도, 정리된 어떤 것도 없는 상태인 거죠. 얼마나 좋아요. 그저 내가 해야 할 것을 하면 되는 것뿐인데. 지루하고 뻔한 이야기들이 오래 숨 쉬고 긴 시간을 버텨지금까지 전해지는 건, 그 안에 분명 커다란 힘이 있기 때문일거라고 믿어요. 우리 모두 부지런히 스스로를 전공합시다. 다른사람이 "당신의 전공은 뭔가요?"하고 물으면, "저는 제 자신을전공합니다."하고 고백할 수 있도록.

이번엔 여기서부터 저 끝까지 걸을 거예요. 끝에 닿으면 다시 출발했던 곳으로 돌아올 거고요. 우린 같은 길을 걸었지만 분명 다른 걸 보게 될 거예요. 처음으로 돌아왔을 때, 자신이 본 것을 말하는 시간을 가질 거예요. 제가 생각하는 사랑은 그렇거든요. 상대방이 가보지 못한 곳을 이야기로 데려가거나 함께 걷다가 도중에 어깨를 툭툭 치며 이쪽도 한 번 보라고 말해주는 거요. 당신은 어때요? 같이 걸을까요?

깊을수록 짙다. 그래서 오래 지워지지 않는 거다.

누군가 날 부른 것 같아 뒤를 돌아보면
그곳에는 항상 나무가 있었다.

나답게 아름답게 눈이 부시게.

비밀

아무에게도 하지 못했던 말이 있다. 흔히 비밀이라고 하는 말들. 마음을 먹고 큰 용기를 내야하는 일이었고, 어느 누구에게도 들키고 싶지 않은 일이었다. 최대한 아무렇지도 않게, 비밀이 아니라는듯 덤덤하게 얘기 했을 것이나, 그 얘기를 듣는 사람은 내가 꺼낸 첫 단어부터 마지막 단어까지 모두 비밀이라는 걸 알아차렸다. 그걸 알아주길 바라는 마음은 있었으나, 강요할 수는 없었기에. 부디 알아주기만을 바라면서 깊은 곳에 묻어두었던 속 얘기를 꺼내놓았던 것도 있었지만. 그렇게 그 사람은, 그 이야기를 듣고 오히려 나에게 멋지다는 말을 건네주었다. 하나도 티가 나지 않았다고. 그걸 감추려 했다기 보다, 이겨내고 아무렇지 않게 지내는 모습만 봐왔기에, 전혀 그런 생각을 하지 못했었다고. 알아차리지 못해서 미안하다고. 그 마음을 듣는데, 기뻤다. 오래 묵혀두었던 고민과 걱정이 조금은 사그라드는 듯한 느낌을 받았다. 상대를 믿고 비밀을 발설했고, 더이상 그 비밀은, 비밀이라는 이름을 달고 다닐 수 없게 되었지만. 나는 알았다. 한동안은, 아니 어쩌면 계속해서 비밀이 유지될 수 있을지도 모르겠다고.

부모님

일을 하다가 문득, 부모님 생각이 났다.
특별한 이유가 있었던 건 아니었다. 그냥, 갑자기 보고 싶어졌다.
사실 갑자기도 아니다. 보고 싶다는 마음이 차곡차곡 쌓이다가,
또는 우물물이 차오르다가 찰랑찰랑 막 넘치기 직전의 모습처럼
끝에 가까워져서야 보고 싶다는 자각을 하게 되는 거다.

서울로 거처를 옮긴 이후, 많아야 한 달에 두 번.
적으면 한 번, 혹은 한 번도 만나지 못하게 될 때도 있었다.

개인적인 약속, 충전을 위한 혼자만의 시간.
갖은 핑계로 본가에 내려가지 않았기 때문이다.

부모님께서는 종종 "언제 와? 한 번 내려와야지."하고
말씀하시지만, 나는 안다.
아들의 시간을 빼앗게 될까 봐, '이번 주에는 꼭 와!'라고
말하지 않는다는 것을.

그걸 알면서도 자꾸만 시간을 나중으로 미루는 이 불효자는,
3월의 어느 주말. 벚꽃이 막 피어오르려는 봄에 반성을
하고 있습니다.

지금 이 글을 쓰면서도 나는 엄마 아빠가 보고싶다.

가족 카톡방이 있지만,
때로는 카톡에 익숙치 않은 아빠에게 문자를 보낸다.

"아빠, 다음 생에는 나랑 형제로 태어납시다.
아빠가 형하고, 내가 둘째하고, 도준이가 셋째하게!
이번 생에는 든든한 아들로, 다음 생에는 동생으로 든든하게
보필할 테니까. 포기하지 말고, 열심히 재밌게.
행복하게 살아봅시다! 빠이팅!"

한참 뒤에 도착한 답장.
"아들, 아빠 많이 응원해줘서 고맙고 사랑한다."

한 줄의 문장을, 하루 종일 읽는다.
강렬해서 외우지 않아도 온 몸에 새겨진 문장을.
몇 번을 되뇌이다가 눈을 감는다.
그리고 목소리를 내어 아빠가 나에게 보낸 마음을 입으로
말하고, 귀로 듣는다.

내가 사랑하는 사람들이 외롭지 않았으면 한다.
많이 슬프지 않았으면 한다.
언제 어디에 있더라도. 지금 당장 곁에 없다고 하더라도,
언제까지나.
사랑하는 사람들의 행복을 빌면서, 나도 충분히 사랑하기.
오늘도, 앞으로도.

기억을 엮는 시간

간절히 바라는 일을 마음에 묻고 잠에 들면
밤이라는 긴 시간 동안 꿈에서 싹을 틔우기도 해요.

깨어나자마자 옮겨 적어두지 않으면 기억은 금방 휘발되어
더 이상 내 것이 아닌 게 되니까, 꿈속으로 다시 가라앉으려는
단어들을 빠르게 건져내요. 그리고 엮어요.

하나의 문장으로. 아직 물기가 축축하게 남아있는 상태의 그것.
분명 꿈이었지만, 이제는 보고 만질 수 있게 되어서는 마치
내 것이 된 것 같은 착각을 일으키기도 하지요.

사람이 얼마나 간절했으면, 꿈을 꾸기 시작했을까요. 먼 곳에
두고 온 책과 그 안에 적어두었던 편지가 생각나는 아침.

누군가 그걸 발견했다면, 그리고 잠시라도 웃었다면.
그것으로 제 꿈은 이루어졌다고 말할 수 있을까요.

가장 알맞은 때에, 가장 커다란 사랑으로 함께.

아름다움은 강물처럼 흐른다. 아름다움은 붙잡을 수 없기에
아름다움이 되기 위해서는 그 속으로 뛰어들어야만 한다.

언제나 그곳에 있지만 보려는 이에게만 보여주는 비밀스러운
장면들. 아름다움이 되어본 사람만이 아름다움을 발견해낸다.

한강을 달리다가 우연히 회사의 차장님을 마주쳤는데,
너무 반가운 나머지 "형!"하고 말해버렸다.

그래놓고 다시 "아, 형이 아니라 차장님!"이라고 번복.

이미 뱉은 어떤 말은 담을 수 없어서 속상하지만,
오늘의 뱉은 말은 주워 담지 않아도 될 것만 같았다.
그래서 행복했다.

사랑이 많다는 건 뭘까.
결국, 사랑은 사랑이 무엇인지 생각하고 고민하는 것에서부터
시작되는 게 아닐까.

달리면서 내 안으로 쏟아진 순간들을 곱씹어 본다.
아름다움이 되기 위해서. 사랑이 되기 위해서.

영원이, 영원히

새벽, 한 자리에 오래 서서 시간에 휩쓸리지 않는 것들을 떠올렸다.
어쩌면, 영원이라는 것이 영원히 지나가고 있다고 생각하면서.

아름다운 곳으로 가려면
미아가 되어야 해

지인이 일본 여행에서 길을 찾지 못하고 헤매일 때,
나이가 지긋한 할아버지가 해준 말이라고 했다.
직역을 하면 '미아'였고, 의역을 하면 '길을 잃어야 해.'
정도의 의미가 담긴 말이었겠지만.
아름다운 곳에 도착하려면, 길을 잃어야 한다니.
내년에는 더 자주 길을 잃어야지.
의도치 않은 기쁨을 누려야지. 용기있게. 자신있게.
많이 잃고, 그보다 더 많이 어디든 도착해야지.

"아름다운 곳으로 가려면, 길을 잃어야 해."

당근이세요?

퇴근을 하고 집으로 가는 길의 경로를 달리 한다.
길거리에서 마주치는 사람들은 매일 새로운 사람이겠지만,
조금 더 새롭고 싶을 땐 평소에 다니지 않았던 길을 통해
집으로 향한다. 약속이 없으면 간단하게 저녁을 해결하고
한강으로 향한다. 얼추 소화가 됐다 싶으면, 발걸음을 돌려
다시 집에 온다. 그리고 집에 한 가득 쌓인 책들을 바라보면서
혼잣말을 시작한다.

'너는 어떤 주인을 만나게 될까?', '너는 어느 책방에서
지내게 될까?' 그러다가, 우연을 인연으로 만드는 걸 좋아하는
나는 '당근마켓'을 켜고 도서 무료나눔 게시글을 올린다.

<제가 쓴 책 나눔해요>

제목: 그때 나는 혼자였고 누군가의 인사가 그리웠으니까

320p. 두껍지만, 중질만화지라는 종이를 사용해서

가볍고 부드러운 느낌입니다!

빛을 오래 받으면, 색이 바라기도 하는. 주인과 함께

나이를 먹는 책입니다.

사진과 글이 함께 있는 책입니다. 목차와 페이지 수는

따로 없습니다.

언제든 펼쳐서 아무때나 보기에 좋습니다.

혼자 여행을 갈 때에도, 집에서 조용히 읽기에도 좋습니다.

여행을 다니고, 일상 속에서 마주친 순간들을 붙잡아 기록한

장면들을 한 곳에 모아두었습니다. 어떤 글은 사람을

껴안는다고 생각합니다. 부디 그럴 수 있기를 바라는 마음으로

책을 만들었습니다. 독립 출판물입니다. 관심이 있으신 분께서는

메세지 주세요. 고맙습니다.

얼마 후 울리는 알람.

안녕하세요, 책 제목이 지금 제 상황과
비슷한 것 같기도 하고 꼭 읽어보고 싶어서,
이렇게 메시지를 드렸습니다. 혹시 언제,
어디서 받아볼 수 있을까요?

　　　　　　　편한 곳을 말씀해주시면, 제가 그쪽으로 갈게요.

"안녕하세요, 메시지 보내주셔서 고맙습니다. 책의 앞 표지는
제가 살던 방의 모습이고, 뒷표지는 방에서 창문 밖을 바라보면
보였던 숲의 풍경입니다. 책의 제목은, 제가 여행 중에 적었던
어떤 글의 마지막 문장이었고요. 아껴서 잘 읽어주세요,
고맙습니다."

빈손으로 나오기가 미안했다며,
초콜릿과 함께 작은 편지를 적어 주셨고,
집으로 돌아가는 길에 읽은 짧은 편지는
내 책 한 권 보다 더 큰 선물이 되었다.

'작가님, 필요한 때에 글을 올려주셔서 감사해요.
책 잘 읽을게요. 작가님 덕분에 행복해졌어요.
저도 행복할 테니, 작가님도 꼭 행복하세요.'

마음이 기우는 일

무언가를 혹은 누군가를 좋아하는 마음은 숫자로 나타낼 수 없어요.
마음이 기우는 일에 나이 같은 건 중요하지 않으니까요.
세상에서 가장 행복했던 순간이 언제냐고 물으면 '좋아하는
사람과 좋아하는 걸 함께 할 때'라는 조금은 당연하고 진부한
이야기를 늘어놓을 거에요. 제게 행복은 그런 거니까요.

우연 그리고
운명

우리가 기다리는 건 우연이라는 탈을 쓴 운명이야.

손금

어떤 사람의 손을 잡느냐에 따라 손금이 변한다는 이야기.

누구의 손을 잡을지는 내가 선택할 수 있다는 이야기.

그렇다면 여러 갈래로 그어진 손금은

우리가 태어날 때에 움켜쥐려던 빛의 모양일지도 모른다는 이야기.

빛 안에 운명이 있을지도 모른다는 걸 본능적으로 알고 있었다는 이야기.

어느 누군가의 손을 잡는지에 따라 운명이 뒤바뀌기도 한다는 이야기.

우리는 어떻게든

사랑을 했던 시간은 어딘가로 향하는 방향과 같습니다.
한 사람과의 시간이 멀리까지 이어졌다면
그 사랑이 끝났을 때, 사랑을 시작하기 전의 제자리로
돌아오기까지 다시 긴 시간이 걸릴 수밖에 없는 거죠.
멀어졌던 만큼, 다시 돌아와야 하니까. 갈 때는 흔적을
남기는지도 모르는 채 흘렀다면,
돌아올 때는 그동안 쌓인 흔적들을 하나하나 곱씹고,
지워내면서 돌아와야 하니까.
함께 찍었던 수많은 사진과 동영상, 서로에게 적었던 편지.
기념일에 나누어 가졌던 선물들.
이 모든 것을 삭제하고, 버린다고 해서
한 사람이 영영 지워지지는 않겠지만.
우리는 어떻게든 옅어지기 위해, 노력할 겁니다.
그리고 언젠가는 그 위에 새로운 사랑이.
또 다른 사랑이 덮여야 할 것입니다.
그 시간들이 차츰차츰 쌓여, 다시.
우리를 살게 할 겁니다.

그런 아침

바다는 얼마나 깊고 넓은 걸까요.
한동안 떠나지 못했다가 우연히 오게 된 이 여행에서
엄청난 위로를 받고 있어요.

어떤 장면들은 마주하기만 해도 아찔할 정도로 눈이 부셨습니다.
매일 아침 눈을 뜨면 이런 풍경이 눈앞에 있었으면 좋겠다고도
생각했습니다.

그럼 정말 좋겠다고 생각했습니다.
사실 우리를 아프고 힘들게 하는 것들은 모두
세상에 존재하지 않던 것들입니다.

이제는 그 사실을 알았으니,
조금은 덜 아플 수 있을 것 같습니다.
그런 아침입니다.

그날, 한 척의 배가 지났을 뿐인데. 온 바다가 일렁였다.

It's gonna be alright

물살이 거셀 땐 물고기가 가장자리로 모인대요.
어쩌면 우리도 지금 어느 끄트머리에서 잠시 쉬고 있는 걸지도 몰라요.
버텨봐요 우리. 충분한 시간이 지나고 나면, 활짝 웃게될 테니까.

편

자주 다니는 길의 신호등 순서를 파악하는 편.
길을 걸을 때 바닥에 물웅덩이가 있으면 그곳에 나를 담아보는 편.

해가 저물 때 하늘을 보며 하루를 돌아보는 편.
눈을 감아야만 볼 수 있는 사람들이 생각날 땐 눈을 감는 편.

배가 고플 땐 가리지 않고 뭐든 잘 먹는 편.
비 오는 날엔 사색을 즐기는 편. 계절에 따라 기분이 달라지는 편.

넌 나의 한 편,
난 언제나 네 편.

내일, 길을 걷다
벽과 바닥에 무언가 아른거리고 있다면
그건 가을일 거야.
놓치지 말고 붙잡아.
계절은 언제나 먼저 다가오지만
붙잡는 사람에게만 자신을 내어주니까.
붙잡아, 반드시.

물이 빛을 만나면 물빛이 되고, 눈이 빛을 만나면 눈빛이 됩니다.
길 위에 눈이 쌓이면 눈길이 되고, 꽃이 쌓이면 꽃길이 되기도 합니다.
당연해서 스쳐 지나는 것들 중에는 이렇게나 아름다운 것이 많습니다.

사람의 목소리가 아주 커다랗더라도,
아주 먼 곳까지 닿기엔 역부족인 경우가 있습니다.
그래서 글을 씁니다.

글은 발과 날개가 없어도
지구 반대편까지 가서 사람 마음에 도착합니다.
정말이지 글은 커다란 힘을 품고 있습니다.

그 힘으로 사람들을 살리기도 합니다.

우리는 모두 뭉뚝한 연필. 다듬어지지 않은 흑심.
뾰족함에만 몰두하면 금방 짧아지는 인생.

어떻게 하면 더 날렵해질까 생각하는 것보다
어떤 기록을 남기고 서서히 사라질까를 생각해 보면 좋겠습니다.

세상 곳곳에 흔적을 남기는 삶.
남긴 흔적을 기억하고 기억을 위해 기록하는 삶.
그저 무의미하게 흘러가는 시간은 존재하지 않게.
기억하고, 기억해요 우리.

북두칠성

손바닥에 새겨진 손금과 얼굴에 그어진 주름에는
사람의 운명이 담겨 있다고 생각해요.

비밀을 하나 알려줄게요.
얼굴에 흩어져 있는 까만 점은 하늘에 박힌 별처럼
우리가 자는 사이에만 반짝인다는 사실을.

나만 나의 반짝임을 모르고 사는 건 아닐까 생각하는 밤.

우리에게는 모두, 빛나려 애쓰지 않아도 빛나는 때가 있다.
그러니 그때를 놓치지 않도록. 스스로를 자주 돌보고 또 돌아볼 것.

아름다움은, 우리를

아름다움은 모두가 동시에 같은 곳을 바라볼 때,
우리의 시선이 모이는 바로 그곳. 그 지점에서 발생한다.

한 걸음 떨어져서 아름다움을 만들어내고 있는 사람들의
뒷모습을 바라보면, 이 세상에 단 하나뿐인 아름다움을
내 것으로 만들 수 있게 되는 기분이다.

완벽하지 않은 타이밍과
완벽하지 않은 타인들이 만들어낸 완전한 아름다움.
우연히 마주친 아름다움을 품은 채,
나를 더 멀리로 데려가고 싶은 저녁.

아름다움은, 우리를 항상 가장 먼 곳으로 데려간다.

마지막 순간

우리가 매일 바라보고 마주치는 모든 순간들이
마지막이라고 생각하세요.
그럼 사소한 사건도 중요해질 것이고, 작은 것에도
감사하게 될 거예요.

그게 어떻게 가능하냐고 묻지 마세요.
방법을 알려드렸으니, 그냥 하시면 됩니다.
그럼 정말 그렇게 될 거예요.

사랑해요

부모는 최선을 다해서
최고의 아름다움이 자식에게 흘러가기를 바라요.
자식은 부모의 마음을 받아 어떤 어려움도 헤쳐 나가는
강인한 사람이 되지요.
절체절명의 순간에도 포기하지 않는 단단한 사람이 되겠습니다.
사랑해요.

서울, 나의 첫 동네는 합정과 망원 사이 어디쯤이었다.
우연히 한강 근처에 살게 되면서, 매일 저녁 한강엘 갔다.
서울엔 아는 친구도 지인도 없어서 일이 끝나면
할 일이 그뿐이었다.

그곳엔 사람들이 노을빛에 물들면서
저마다의 속도로 달리고 있었다.
문득, 나도 나만의 속도를 가지고 싶다는 생각을 했다.

주인과 산책을 나온 강아지를 보는 것도,
바람에 흔들리는 나무를 보는 것도,
천천히 걷는 것도 좋았지만 한강을 곁에 두고
내가 있던 곳에서부터 점점 멀어지고 싶었다.
지도 어플을 켜고 가본 적 없는 다른 동네의 이름을
목적지로 정하고.
그곳까지 달려갔다가 다시 있던 자리로 돌아오는 것.

그 시간 동안 나는 이전과 달라졌을 것이며,
달라진 것들 사이에 여전히 그대로인 것들도 있었을 것이다.
그 차이를 발견하고 싶었다.

달리는 매 순간 호흡이 가빠지고 힘이 들어
당장 달리기를 멈추고 싶었다.
그때마다 스스로에게 말했다.

'멈추지 마. 달릴 수 있잖아. 정해둔 곳까지
다녀오는 동안 멈추지만 말자.'
그렇게, 느리더라도 멈추지 않고 달렸다.

마침내 원하는 곳을 찍고 있던 자리로 되돌아왔을 때.
해냈다는 커다란 기쁨이 온몸 가득 차올랐다.
분명 변한 건 아무것도 없었는데, 모든 게 달라진 것 같았다.

그때부터였다.
시간이 생길 때마다 나는 한강으로 갔다.
가서, 한강을 곁에 두고 달렸다.
그곳엔 달라지길 원하는 사람들이 가득했으니까.

그 가득함 속에 있다 보면 분명 나도 달라질 수 있을 테니까.
어제도 오늘도 그 마음을 품고 한강엘 다녀왔다.

이제 나는 얼마나 달라졌을까.

어느 멋진 날

살고 싶은 나라를 정하고 나라 다음으로는
어떤 마을에서 지내게 될지 고민하고.
그 다음엔 지붕의 색을 고르고
마당에 심을 한 그루의 나무를 생각하는 일.
마지막으로 해야 하는 일은
그 집에서 평생 함께 할 사람을 만나는 일.
언제가 될까 그건.

마음의 이름

마음은 마음대로 되지를 않아서
마음이라는 이름을 얻었다는 거, 알고 있었어요?
이 도시에 나를 아는 사람은 아무도 없는 것 같아서
조금 속이 상했어요.
집으로 돌아가는 길에는 펑펑 눈이 내렸어요.
커다랗고 하얀 눈이.

마음이 기울면 이런 모양일까.

닮은 우리

참 신기하지. 하나의 시간, 같은 공간에 있었는데도
모두가 다른 깊이의 감정을 느끼고
다른 모양의 생각을 한다는 거 말이야.

어떤 흐름 안에서 파도를 타는 방법은
우리가 존재하는 수보다 훨씬 많다는 거.
그러다 가끔 닮은 사람을 마주치면 눈빛이 반짝이는 거.

당연히 다 알 수 없는데,
아주 가끔은 보이는 게 전부일지도
모르겠다는 생각에 잠기는 거. 참 신기하지.

우리는 다 다른데, 조금씩 닮았다는 사실이.

예전에 다니던
회사에서의 이야기

옆 자리에는 전화를 받을 때 "안녕하세요 선생님." 하며
고개까지 꾸벅하는 사람이 있었다.

그 장면을 보려고 보았던 것은 아니고 정면을 보고 있었을 뿐인데
옆으로 살짝 보이는 시야에 그 장면이 걸려들었다.

전화기 너머의 사람은 이 사실을 알고 있을까. 아마 평생 모르겠지.
그 사람은 어떤 사람일까.
가능하다면 당장이라도 달려가 내가 본 장면을 말해주고 싶은데.

당신이 이 아름다운 이야기의 주인공이라고.
그러니 지금보다 더 특별한 기분을 느끼며 살면 좋겠다고.
그렇게 말해주고 싶은데.

지하철

방금 막 내린 지하철의 문이 조금 더 열려 있었으면 좋겠다.

서둘러 계단을 내려오는 사람이나 맞은편에서 자녀의 손을
잡고 전철을 놓치지 않기 위해서 빠르게 달려오는 사람들을
보면 그런 마음이 든다.

나는 그럴 때마다 텔레파시를 보낸다.
'문을 조금만 더 늦게 닫아 주세요. 5초만.
지금 거의 다 왔어요! 놓치면 너무 속상할 것 같아요!' 하고.
또 열심히 달려 간신히 열차에 올라 탔는데, 나는 타고
내 뒤에 따라 뛰어오던 사람 앞에서 문이 닫히는 경우.
그럴 필요는 없겠지만 괜히 속상하고 미안한 마음이 든다.

그나마 나은 경우는 내 앞에서 문이 닫혔을 때.
그래도 여기까지 뛰어왔으니까.
아쉽지만, 조금만 더 빨랐더라면 탈 수 있었겠지만
그래도 거의 다 왔었으니까.

인생이 그런 것 같다. 뭔가 마음대로 되질 않고,
거의 다 온 것 같은데 도착할 기미가 보이지 않고.
그렇지만 조금 더 기다리고 기다리면
결국 다음 열차가 오는 것처럼,

다음 기회와 기적 같은 우연을 기다리며
호흡과 마음을 가다듬는 일.
나는 이런 일들에 마음이 쓰인다.

자연

날이 좋을 때, 덩달아 기분까지 좋아지는 이유는,
우리도 자연이기 때문이야.

그저, 오래

그저, 오래

한 사람이 세계를 바라보는 시선이 어떠한지 궁금하거든.

그 사람을 오래 바라보라.

구도와 각도 같은 것들은 저 멀리 제쳐두고 그저 오래 바라보라.

또 한 사람이 어느 한 사람을 사랑하는 모습이 어떠한지

궁금하거든, 그 사람을 사랑하라.

방법과 기술 같은 것들은 깊숙이 묻어두고 그저 오래 사랑하라.

우리는 모두 다른 세계이며, 이토록 많은 세계가

하나의 세계에 모여 살고 있으니.

서로에 대한 이해와 오해는 잠시 바다에 묻어두고,

그저 오래. 그저 오래 바라보라.

상상

그해 여름은 푸르고 따뜻했습니다.

엉뚱하지만 산책을 하던 중에 동행을 하던 사람에게 곰이 나타났으면 좋겠다는 말을 했습니다. 그쪽에서 돌아온 대답은 "정말 곰이 나오면 우리가 죽을 수도 있어."라는 단호한 말. 사실 그 대답을 듣고는 조금 무서워지기도 했습니다. 그래도, 곰을 꼭 한 번 만나보고 싶었습니다.

그럴 일은 없겠지만, 정말 곰을 만나게 된다면 그 곰은 나를 안아 줄 것만 같았습니다. 멀리까지 오느라 고생 많았다며 넓고 두툼한 손으로 제 등을 두드려 줄 것만 같았습니다.

온통 초록인 세상에 들어가기 위해 초록색 옷을 입었습니다.
나는 그들의 일부이며 그들 또한 저와 다르지 않다고 생각했기 때문입니다.

바람의 냄새마저 푸르던 곳에서 결국 곰을 만날 수는 없었지만 매순간 꿈을 꾸는 기분이었습니다.

곳곳에 눈빛을 뿌려 두고 왔으니, 다음에 그곳을 찾아갔을 땐 나를 닮은 나무 몇 그루가 자라고 있을까요.

그럼 난 그 나무들을 알아볼 수 있을까요.

아래로는 깊게, 옆으로는 넓게. 그런 의미에서
나무와 바다는 참 많이 닮아있다.

흔들린다는 건, 살아있다는 증거니까.
바다는 단 한 번도 같은 표정을 지은 적이 없겠구나.

서른과 어른

서른이라는 나이를 앞에 두고 보니
서른은 어른이라는 말과 참 닮아있었다.

앞으로 또 어떤 일들을 마주하게 될지는 알 수 없으나,
한 가지 확실한 건 계획했던 모든 것은
결국 계획하지 않았던 사건들에 의해 덮이고
새로 쓰일 것이라는 사실.

부정할 수 없는 사건들 속에서 멈추지 않고 지혜롭게.
한 걸음 한 걸음 내딛는 어른이 되길 바라는 마음을 담아.
서른이, 어른에게. 어른이, 서른에게.

사랑의 마음

때로는 어떤 글자를 잘못 읽어서 '당산'을 '당신'으로 읽거나
'사당'을 '사랑'으로 이해하는 날들이 있었다.

사람들의 성격과 마음은 모두 다르겠지만,
유독 지하철에서의 풍경만큼은 닮아있다.
고개를 푸욱 숙이고 작은 화면에 몰두하는 사람들.
하얗거나 검은 마스크로 얼굴의 절반을 가린 채,
눈으로 경계하는 일들이 잦아졌다.

세계를 암울하게 만든 코로나 때문에 소음이 사라지면서
소통도 같이 줄어들었다.

입과 귀가 모두 막히면 눈빛이라도 살아 있어야 하는데.
눈동자마저 전화기에 꽂혀 주변을 둘러볼 틈도 없다.

세상은 어디로 흐르고 있을까. 그 흐름 안엔
사랑의 마음이 들어있을까.
인생은 가까이에서 보면 비극이지만 멀리서 보면
희극이라고 말했던 찰리 채플린.

그는 얼마큼 멀리 떨어져서 인생을 바라보았던 걸까.

내 문장을 가장 많이 읽은 사람은, 내가 되어야 한다.

머무는 것과
움직이는 것

잘 하지도 못하는 축구를 하다가 발목을 다쳤다.
당시엔 괜찮았는데,

시간이 지날수록 다친 부위가 풍선처럼 부풀어 오르더니
발을 땅에 딛기가 어려울 정도로 통증이 심해졌다.

일을 마치고 한강을 달리는 것으로 스트레스를 푸는 내게
굉장히 힘든 순간이었다.
꼬박 3주의 시간 동안 치료받고, 보호대 차고,
마사지를 해주었더니 많이 호전되었다.

완벽히 회복된 것은 아니지만 그래도 달리고 싶었다.
걷는 데 큰 무리가 없으니, 달릴 수도 있겠다 싶었다.
그래서 결국 달렸다.

날이 무더울수록, 하늘은 더 파아랗게 되는 건가.
일을 하려고 자리에 앉으면 창밖에서 안으로 들이치는 빛이
언뜻언뜻 보일 때마다

밖으로 나가 햇빛을 마주했다.

눈은 부시고 더워도, 행복했다.
그럼 잠시 눈을 감고 사랑하는 사람들을 생각했다.
그럴수록 더 행복해졌다.

여름이 왔다고 확신할 수 있는 이유 중 하나는,
매미의 울음소리.
힘차게 소리치다가 계절과 함께 사라지는 멋진 녀석들.

달리기를 하는데 소리가 너무 커서 귀가 아프기까지 했지만,
마치 마라톤 대회에 나간 것 같았다.

급수대에서 "파이팅 파이팅! 거의 다왔어요!"라고
외치던 사람들의 목소리 같기도 했다.

해가 지는 반대 방향으로 달리다가,
높은 곳에 올라 뒤를 돌아보면 아름다운 풍경이 펼쳐진다.

세계를 자신의 색으로 물들이는 태양.
영향력이라는 건, 서서히 물들이면서 결국엔 스며드는 게 아닐까.

한 곳에 머무는 빛이 있고, 어딘가에 담겨 움직이는 빛이 있었다.
머무는 것과 움직이는 것이 만나 아름다움이 만들어진
아주 멋진 밤이었다.

영원

차곡차곡 쌓인 시간들이 모여서 단단하고
튼튼한 이야기가 될 거라는 믿음.
그 믿음으로 더 많은 시간을 다시 쌓는 꾸준함.
내 마음이, 내가 없는 곳에서도 누군가에게 작은 힘이 되었다니.
그것만으로도 커다란 기쁨이 됐다.

그때 나는 혼자였고 누군가의 인사가 그리웠지만,
그때의 그리움으로 더 많은 마음들을 마주할 수 있게 되었다.

어쩌면 영원이란 시간은, 우리의 곁을
영원히 지나가고 있는지도 모르지만.
그럼에도 잘 살자는 다짐을 굳게 먹는 밤.

긴 장마

당신, 좋은 일들만 가득 생겨라. 좋은 사람만 듬뿍 만나라.
좋은 기운과 좋은 눈빛. 가을처럼 푸른 것들과 함께 마음껏 행복해라.
순간을 기억해라. 마음에 많이 담아 두어라.

긴 장마가 지나고 하나 둘 문을 열고 밖으로 나올 때를 대비해
빛나는 시간을 한가득 모아두어라.

세상 여기저기에 흩어져 있는 아름다움의 조각들을 차곡차곡 쌓아라.
높이 오르다 쏟아지거든 옆으로 넓어져라.

그런 사람이 되어 그런 삶을 살다가 그런 사람을 만나 오래 행복해라.

작은 기적들

함께 여행을 떠났던 친구의 시선. 같은 곳을 다녀도

다른 것을 마주하는 우리들.

그리움은 언제나 뒤늦게 따라붙는다.

먼 길을 돌아 다시 제자리에 도착하면 어김없이 느껴지는 아쉬움.

더 많이 느끼고 즐겼어야 해. 당연한 건 아무것도 없었고,

작은 기적들의 연속이었으니까.

온통 하얗고 눈부셨던 지난 날의 기록.

나마스떼 नमस्ते

매일 아침 새로운 루틴을 만들고 싶어 요가를 시작했다.
약 30분 정도의 시간.
내 몸을 구석구석 살펴보고,
이리저리 움직이면서 근육과 관절이 얼마나 굳었는지를
절실히 확인할 수 있는 시간이었다.
어떤 동작은 쉽게 해냈지만, 어떤 동작은 흉내내는 것 조차
어려웠다.
'왜 안되는 거야?' 하고 생각했다가 하다보면 되겠지, 하고
생각을 바꿨다.
이래서 요가를 수련이라고 한 걸까.
마지막엔 두 손을 모르고 '나마스떼' 인사를 하는데
가슴 속 깊은 곳에서부터 무언가 점점 차오르더니, 눈물이 났다.
나마스떼, '내 안에 있는 신이, 당신의 신에게 인사 드립니다.'
마음이 정돈된 느낌. 무엇인지는 모르겠으나 무엇이
분명 사라진 것 같았다.

오래된 사랑

몇몇 문장 앞에서는 자꾸 걸려 넘어졌다.
차곡차곡 쌓다가 쏟아지는 말들, 일들.
일본 여행 중에 구글 번역기를 돌려 맛집 리뷰를 찾던 중에
발견했던 문장도 기억에 남는다.

"이 가게 이모의 음식 솜씨는 구원입니다."
"훌륭한 작품을 먹고 나는 예술이 되었다."

어색해도, 전하고자 하는 마음은 알아차릴 수 있었다.
봄이 온 것 같더니, 오늘은 다시 겨울 같다.
떠난 사람도, 오래 기다리면 계절처럼 다시 돌아올까.

완벽한 하루

새벽처럼 일어나 울산으로 향했다.
그곳엔 아는 사람이 아무도 없었는데 도착하면
누군가 나를 반겨줄 것만 같았다.
안아줄 두 손이 있었는데, 안을 것이 없어서.
그냥 봄을, 계절을 힘껏 안아주었다.
첫 울산은 따뜻하고 포근했다. 개나리와 목련, 빛꽃과 들꽃.
막 피어나는 중이라 다가올 봄에 만개할 모습이 눈에 그려졌다.
당일치기로 긴 거리를 운전했지만, 함께 다녀온 사람 덕분에
아주 수월하고 즐거웠다.
호두과자도 먹고, 핫도그도 먹었으니까.
미세먼지 하나 없이 맑았던 하늘과 눈부시게 빛나던 햇살.
거의 모든 것이 완벽한 하루였다.

어떤 말들은 모였다 사라지고, 어떤 말들은 고였다 스며든다.

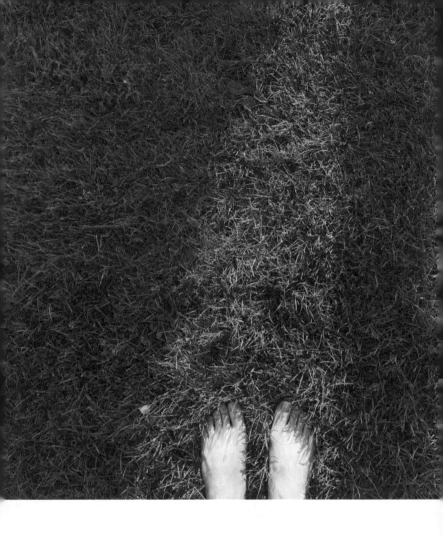

꿈은, 영혼이 가장 머물기 좋은 곳이 아닐까.

봄의 시간

좋아하는 일을 꾸준하게 하다보면,
단지 좋아하는 걸 했을 뿐인데 우연치 않게 행운을 마주치게 된다.
'잘하고 있는 거겠지?'라는 의문이 들기 시작할 때쯤,
잘하고 있다는 힌트라도 주려는 것처럼.
우연은 그렇게 나타나고 또 실현된다.
태어나 처음 다녀온 포항에는 푸른 바다와 고운 모래가 있었다.
발이 닿는 곳마다 나의 흔적이 새겨져 자꾸 뒤를 돌아보게 만들었다.
통창으로 쏟아져 들어오는 빛. 그 앞으로 모여드는 사람들, 이야기.
'예쁘다!'하는 감정이 차오를 때마다 셔터를 눌렀다.
봄의 시간을 차곡차곡 잘 쌓아서 튼튼하고 단단한 계절을 지나야지.
점점 더 멀어져 가는 것들이 있지만, 붙잡으려 애쓰다 놓친 장면들에
더 많은 마음을 쏟자. 의식하면서, 기억하면서.

'두열아, 봄이다.'

이 빗속

밤새 내리던 비가 아침에 잠깐 멈췄고
나는 그것을 핑계로 우산을 챙기지 않았다.
전철은 지하철로 변신을 마치고 하늘엔
구멍이 뚫리기라도 한 듯 쉼 없이 비를 쏟아냈다.
사람들의 표정엔 비 오는 날의 짜증과 이제 겨우 수요일 밖에
되지 않았다는 아쉬움 같은 것들이 섞여 있었고 나는 그 모습을
보며 내 모습을 조금 고치려고 억지 미소를 지어 보였다.
습고 덥한 기운은 그 누구의 것도, 잘못도 아니지만
왠지 모르게 내가 더 조심해야 할 것만 같은 기분이 들었다.
기분이 태도로 이어지지 않도록, 나는 자주 나를 돌봤다.

당신은 이 빗속을 뚫고 가야 하는 중요한 일이 있으니
하늘에게 부탁을 해야지. 조심스럽게.

의미

어제는 제가 좋아하는 선생님께서 그러셨어요.

아는 것보다 느끼는 게 더 중요하다고요.

노력하고 있습니다.

세계를 시와 분과 초의 단위로 나누어 놓았다는 건

의미가 있을 텐데

그 의미라는 것은 결국 살아있음을 느끼는 것이라고 믿어요.

당신은 어떤가요.

북해도 3일 차. 이제는 운전도 익숙해졌고,

맞은편에서 다가오는 운전자에게 인사도 건넨다.

가끔은 눈이 정말 펑펑 내려서 한 치 앞도 보이지가 않지만,

그럴 땐 의자를 바짝 당겨앉으면 된다.

희미한 세상을 명확하게 보는 방법은 의외로 간단하다.

매일 하루가 주어지면, 그걸 당연하게 생각하지 않는 사람이 좋다.

감사하면서, 소중히 아낄 줄 아는 사람.
그런 사람이 되게 해달라고 빌었다.
그리고 꼭, 사랑하는 우리 가족과 사랑하는 사람과도
이곳에 함께 올 수 있게 해달라고.
더 열심히, 부지런하게 살자. 나만 행복하지 않도록.
내가 사랑하는 사람들도, 내가 느끼는 이 행복을 느낄 수 있도록.

아름다운 장면을
많이 가진 사람

7박 8일 동안의 여행을 통해 얻은 것은 기운이었다.
멀어지면 그리워지고, 소중해진다는 것.
곁에 있는 모든 것은 절대 당연한 것이 아니라는 것.
자연의 다른 이름은 아름다움이란 것과
아름다운 장면을 많이 품은 사람일수록
아름다움을 더욱 잘 발견할 수 있게 된다는 것까지.
어디를 가도 매일 내리는, 소리도 없이 한가득 쌓여
사람들을 설레게 하는 하얀 눈처럼.
올해 다짐한 마음들도 차곡차곡 쌓여 넓고 깊어지면 좋겠다.
언제 어느 곳에서 행복한 지. 언제 행복하면 되는지를
아는 사람. 그런 멋진 사람이 되자.

눈이 내렸고
꽃이 피었다

사랑하는 사람에게 아름다운 장면을 보여주고 싶은데

지금 당장 함께 있는 게 아니라서.

어느 무엇으로라도 내 마음을 전해야겠는데,

그 방법을 알지 못해서.

지나가 버리더라도, 내내 꺼내볼 수 있기를 바라는

간절함이 쌓이고 더해져서.

눈이 내렸고, 꽃이 피었다.

눈빛

걷다가, 멈추다가. 그런 이야기를 나눴다.
사람의 겉모습은 모두 수술로 바꾸거나 고칠 수 있지만,
눈빛만큼은 어쩔 수가 없다고.
타고난 것이라기보다는 눈빛은 마치 호수 같아서,
무엇을 바라보고 무엇을 담느냐에 따라 눈빛이 달라진다는 이야기.
더 많은 세계와 더 깊은 사랑을 자주 마주칠수록,
더 빛날 수밖에 없다는 그런 이야기.

가끔, 내 눈동자의 색을 알아차리곤
"어? 되게 진한 갈색이네요."하고 말해주면,
그 순간 무장해제가 되어버린다.
나를 발견해 준 것만 같아서.
더 짙은 빛을 지녀야지.
아름다움을 좇는 삶. 눈빛을 가꾸고, 다듬는 사람.
그런 사람이 되어야지.

0이 되는 꿈

서서히 계절이 바뀌고 있다.

그동안 나는 조금씩 괜찮은 방향으로 나아가고 있다.

이따금씩 제자리로 자꾸 돌아오지만,

재밌게, 즐겁게 해내는 중이다.

가끔은 무엇을 위해 이렇게까지 하고 있는 건가,

하는 생각을 떨쳐내기 힘들 때가 있지만.

다 지나가고, 또 멀어지면서 옅어질 게 분명하기에.

어떤 사람들은 태어나면서부터 갚아야 할 것이

많은 상태로 세상에 놓이게 된다.

누군가를 속상하게 한 적도 없고, 다치게 한 적이 없어도.

잘못이라고 하기엔 너무 어렸고. 어려서 그랬다고 하기엔,

이미 많은 것들을 알고 있었다.

누군가는 삶이라는 걸 버텨내기 위해서,

살아남기 위해서 매일 0이 되는 꿈을 꾼다.

나를 믿어주는 일

꼭 이루어질 것만 같은 일들이 있어.
사람이 하는 거지만, 결국 신의 허락 같은 일들.
살면서 한 번은 마주치게 되는 장면 같은 거.
살면서 한 번은 꼭 만나게 되는 사람 같은 거.
우연이나 운명이 없다고 믿는 사람들에게
우연이나 운명이 존재한다고 설명하는 건 어렵지만,
생각보다 단순한 방법이 있지.
우연이나 운명이라는 것이 세상에 존재하니까,
우연이나 운명이라는 단어도 세상에 존재하지 않겠냐고.
그게 말이 되냐고 물으면 달리 할 말은 없지만,
생각해보면 또 말이 안되는 건 아니라서.

때론 보이지 않는 것들이 가장 중요하니까.
어린왕자가 말해준 비밀 같은 거니까.
세상에서 가장 힘이 센 마음은 동심이니까.
난 그렇게 믿고 살았으니까.

앞으로 나아갈 방향은 몰라도, 지나온 길을 돌아보면
짐작할 수 있는 여지가 생기니까.
가보지 뭐. 꾸준히 걷다 보면 나오겠지.

내 옆에 있는 사람

내 옆에 있는 사람 — 두열에게,
많은 걸 보게 될 거다. 두근거리고 정신 없을 것이다.
모두 나의 것이 될 것이다. / 2020, 봄날 이병률

작은 불씨

어떤 사람의 말은 큰 산을 태우는 작은 불씨 같기도, 사람을 살리는 기적 같기도 합니다. 아무것도 필요 없다는 생각이 들 때가 있습니다. 모든 걸 가져서가 아니라, 그냥 다 귀찮고 싫증이 나서요. 그토록 건조한 상태에서 별 기대 없이 만나게 된 사람들이 건네는 작은 돌멩이들은 차곡차곡 내 안의 빈 공간들을 채우기도 합니다. 예상하지 못했던 일들이 생기는 거죠. 차오르는 건 부풀어 오르는 것과 어떻게 다를까요. 꽃이 피는 찬란한 봄날에 바람이 불었습니다. 이미 떨어진 것들은 보내주고, 곧 피어날 것들에 집중을 해야겠습니다. 고맙습니다.

화무십일홍 花無十日紅

"아무리 아름다운 꽃도 열흘을 넘기지 못한다."

흐드러지게 피었던 벚꽃도,
비와 바람에 모두 잎을 떨구고
새 모습으로 조금씩 변해간다.

나무도, 자연도 어찌 보면 시간이 흐름에 따라
새로운 모습으로 끊임없이 변화하고 있는 게 아닐까.
매 계절마다 반복되는 것처럼 보여도,
그 자체가 도전이겠다 싶기도 하고.

봄은 새로운 시작,
새로운 도전을 하기 좋은 계절이다.
작은 것이라도 새롭게 시작해 보면 어떨까.

멈추지 않는다면 느리더라도 결국엔 원하는 모습과
비슷하게 닮아갈 수 있지 않을까.

꽃은 세상 모든 일에 관여한다.

맑고 건강한 걸 몸에 집어넣으면, 잘하고 있다는 생각과 함께 잊고 지냈던 오감이 조금 더 민감해지고, 느리지만 천천히 서서히 기운이 차오르는 느낌이 드는데, 그게 참 좋다. 누군가를 위해 선물을 준비하고, 알록달록한 꽃을 보며 잠시 걸음을 멈추고. 동네에서 친구를 우연히 만나고. 안부를 나누고. 가끔씩 생기는 이벤트에 설레고. 한 가지 루틴을 정하고 따르는 일. 원하던 일도 하나둘씩 해 나아가고 있고, 또 지원했던 게 좋은 결과로 이어지기도 해서 덩달아 자신감도 생겼다. 나이를 먹을수록 시간이 빠르게 흐른다는 걸 체감하는 때가 되었지만, 가끔은 그 흐름을 무시한 채 나의 속도에 집중하려 한다. 기쁨은, 사소한 행복들의 묶음이니. 더 많은 순간들을 내 것으로 만들어야겠다.

그해 여름

어떤 사람은 자신의 입맛에 맞는 파도를 기다리고,
또 어떤 사람은 넘어지더라도 일단 파도에 오르기 위해 몸을 던지고,
어떤 사람은 파도를 만들어 자신의 파도에 사람들을 태운다고 했다.

좋아하는 감정이 깊어지면,
어느 지점에서는 두 갈림길로 나뉘게 되는데
첫 번째는 사랑으로 이어지기도 하고, 존경으로 넘어가기도 한다.
외우려 하거나 기억하려 애쓰지 않아도, 어떤 장면 앞에서는
나도 모르게 그의 문장들이 마음을 스친다.
의도하지 않아도, 새겨지는 문장들.

그해 여름은 뜨거웠고, 외로웠던 것 같다.
자주 길을 잃었지만, 제자리를 찾는 데 그리 오래 걸리지는 않았다.
매일 힘들기도 하지만, 매일 기쁠 수도 있다는 사실에 희망을 갖는다.
멍한 상태가 이어져도 너무 실망하지 말아야지.
그곳에서부터 벗어나려는 노력도 게을리하지 않을 테지만.

바다와 가까이 사는 사람들은 손금이 조금 더 복잡하다고.
하늘의 별이 보이기 시작할 때쯤엔 그곳에 눈빛을 더하기도 한다고.

모든 것은 자연에서 왔으니, 우리도 결국 다시 돌아가야 한다고.
어쩔 수 없어서 더 아름다운, 그런 이야기를 들려주는 꿈을 꾸었다.

Fade out

가을이 왔다. 우리를 아프고 힘들게 하는 것들은
여름과 함께 멀리 떠났으면 좋겠다.
그래서 아주 다시는 돌아오지 않았으면 좋겠다.
그저, 옛 기억으로 묻혀 서서히 사라졌으면 좋겠다.
정말, 그랬으면 좋겠다.

눈빛

어떤 사람은 너무 맑고 투명해서 마음속이
다 들여다 보이는 것 같은 기분을 느끼게 해요.
저, 글은 잘 못써요. 제가 잘 쓰는 건 눈빛과 마음입니다.
가진 걸 열심히 사용하고 나누고 해야죠.
그래서 이렇게 계속 기록하는 거고요.
눈빛이 좋은 사람이었으면 좋겠습니다.
우연하게 스친 순간 속에서도,
'참, 맑다.'하고 느낄 수 있는.

차곡차곡

시동이 꺼져있는 자동차에 미등이 들어와있거나

차 안에는 아무도 없는데

비상등만 깜빡이고 있을 때.

잠시 자리를 비운 것인지,

내일까지 사람이 오지 않을지도 모른다는 확신이 들거나,

그마저도 잘 모르겠을 때.

전화를 걸어서, 알고 계실지도 모르겠지만

지금 자동차의 불이 켜져 있다고 말해주거나,

비상등이 깜빡거리고 있다고 알려주는 일을 해본 사람들.

이것은 오지랖과 배려 그 사이의 어디쯤.

다음날 아침 출근을 하기 위해 모든 준비를 마치고

주차장에 도착했을 때,

시동이 걸리지 않을 때의 당혹스러움이나,

혹시 모를 급한 일을 제때에 해결할 수 있도록 돕는 사소한 관심.

여행지에서 누군가 내 앞을 걷는데 물건을 떨어뜨리고도

한참을 모르고 저만치 멀어져 갈 때면, 달려가

그것을 주워서 전해주는 일을 좋아한다.

이처럼 사소하고 따뜻한 일이 차곡차곡 쌓이면,

언젠가 내가 떨어뜨린 물건을

누군가 내게 주워다 줄 것만 같아서.

잃어버린 지갑이나 기차에 두고 내린 가방을

누군가 내게 다시 찾아줄 것만 같아서.

사랑스러운 사람들

사람들은 해가 지는 쪽을 바라보며 열심히 셔터를 누르고 있었다.
나는 그들을 바라보면서 여기에 있든 모든 사람들이 행복했으면
좋겠다는 생각을 했다.
고개를 돌려 반대편을 바라보았는데,
조금 전까지는 아무것도 없었던 하늘에 정말 꿈처럼
갑자기 무지개가 떠올랐다.
너무 놀라서 "무지개..! 무지개가 떴어!"라고 큰 소리로 말했다.
일몰을 감상하던 사람들이 일제히 고개를 돌려
무지개를 보기 시작했다.
여기저기서 "와! 무지개다, 무지개야!"라고 소리쳤다.
옆에 있던 어떤 사람은
"엄마, 무지개야. 예쁘지?
보여주고 싶어서 전화했어. 사랑해."라고 말했다.
그 모습이 너무 아름다웠다.

사람들은 서로를 껴안고,

사랑하는 사람들에게 자신이 마주하고 있는 아름다움을

나눠주고 있었다. 사랑스러운 사람들.

지인과 대화를 나누다 우리가 자연 앞에서 말을 잃는 이유,

그리고 어떤 장면을 마주쳤을 때 수치로 나타낼 수 없는 순간을

마주하게 된다면, 그게 예술이지 않을까?라는 말을 했다.

어렵고 힘들어도 기꺼이 해내고 있다면, 그건 내가 그 일을

너무도 사랑하고 있기 때문일 거라고.

한강으로 향하는 길에 구름이 잔뜩 낀 하늘을 보면서,
오늘 노을은 좀 아쉽다고 말했던 스스로를 반성했다.
이토록 멋지고 완벽한 곡선을 만났으니까.
우리의 삶과 인생은 때때로 이런 선물을 받는다.
후두둑 떨어지는 빗줄기에 옷과 양말이 젖어도
기쁘게 웃을 수 있다는 사실에 감사하기로 한다.
그리고 우연을 여러 번 겹치고 포개어
인연으로 만드는 일을 사랑해야겠다고, 다짐했다.

우리는 이번 생에서도,
그다음에 있을 세상에서도 반드시 아름다울 것이다.
작고 연약한 것들은 언제나 고요하게
자신만의 빛을 품고 사니까.

'끝은 또 다른 시작이다.'
이 문장은 끝에 다녀온 사람이 뱉은 말이 아니라
끝에 거의 가닿았던 사람의 소망과 바람이 뭉치고 섞여
탄생한 문장이겠지.

"Have a great day."라고 건넨 인사에
"You made it already."라고 답하던 사람.
우리가 언젠가 우연히 다시 만나게 된다면
꼭 안아주겠다는 그때의 말이, 지금을 살게 한다.
고맙다.

소중한 사람

10개의 필름을 들고 여행을 떠났다.
간직하고픈 순간을 지날 때마다 아끼지 않고
셔터를 누르겠다는 다짐과
여행을 마치고 돌아갈 땐 챙겨 갔던 필름을
모두 사용하고 오겠다는 약속도 했었다.
어떤 마음 때문이었는지는 모르겠지만,
가방 속엔 언제나 쓰지 못한 필름이 많았다.

하루에 한 장씩 꼭 사진을 찍고 기록을 남겨
한 달에 필름 한 롤을 전부 사용하겠다는 친구가 있었다.
필름 한 롤은 보통 36장이고 한 달은 30일인데
나머지 6장은 어떻게 할 거냐 물었던 적이 있었다.
마지막 날에 어떤 소중한 사람을 만나게 될지도 모르니까
그건 아껴뒀다가 한 번에 쓰겠다고 했다.
친구는 그 약속을 잘 지키고 있을까.

오늘은 나도 필름 카메라를 챙겨 밖으로 나서야겠다.
소중한 사람을 위해. 만나지 못하더라도, 괜찮다.
집으로 돌아와, 거울 앞에 서서. 나를 만나면 되니까.

괜찮아?
괜찮아.

죽음

오랜만에 혼자 영화를 봤고, 기억에 남는 대사가 있었다.
"네가 자유를 얻을 수 있는 건, 죽음 뿐이야."라는 문장이었다.
평소에도 죽음에 대해 많은 생각을 해왔다.
지금 내가 이렇게 멀쩡하게 숨을 쉬고 살아있는데,
언젠가는 백퍼센트의 확률로 모든 것이 끝이난다는 게
믿겨지지가 않고 이상하게 느껴졌다.

그날도 그랬다. 어두컴컴한 영화관이,
나를 둘러싼 짙고 깊은 어둠이 조금씩
나를 집어 삼키려는 것 같았다.
숨이 잘 쉬어지지 않았고,
눈을 제대로 뜰 수 없는 상태가 되었다.
천천히, 깊이 숨을 쉬었고 이내 괜찮아졌다.
영화가 끝나고, 엔딩 크레딧이 끝까지 올라가는 동안
자리에 멍하니 앉아 사람들이 나가는 뒷모습을 지켜보았다.
어떤 이는 나와 같은 생각을 한 것인지 미동도 없이

턱을 괴고 한참을 그 자리에 앉아 있었다.

죽음, 죽음.
끝이 있기에 매순간이 값지고 소중하다는 걸 알지만
평소에 그 사실을 인지하고 살기엔,
너무나 바쁘게 돌아가는 세상이니까.

밖으로 나와 가족들에게 사랑한다고 문자를 보냈다.

영원한 건 없겠지만, 우리가 세상에 존재하는 동안
영원을 믿으면서, 영원을 살면서. 사랑하면서.

나를 찾아 오는 길에 길을 잃어,
아주 멀리 돌아왔으면 좋겠다.
천천히, 아주 천천히.

사랑이 거울에 보이는 것보다 가까이 있음.

사랑

세상의 모든 벽에 적힌 낙서와 같은 알 수 없는 글자들은
결국, '내가 당신을 사랑하고 있다'는 말이겠지.
아주 먼 미래에 모든 사람들이 단 한 가지의 언어로
이야기를 나누게 된다면,
가장 먼저 정의 되어야 할 단어는, 결국 '사랑'이겠지.
사랑은 우리를 언제든 살게하고 살리기도 하니까.

최고의 것

내가 나를 위해 하는 모든 것은 아끼지 말자.
최고의 것을 주자.
최고로 행복하고, 최고로 기쁘자.
최고가 아니어도 좋다는 생각을 잠시 하다가도,
결국엔 다시 나를 위해서는
역시 최고의 것이 최고겠다는 생각을 하자.
그 생각을 행동으로 옮기자.
그러면 어떻게든 반드시 최고가 될 거다.
우리 최고의 삶을 살자.

돌아오는 건

가족 덕분에 아픔을 배웠고,
깊게 파인 상처만큼 행복할 수 있게 됐다.
무수히 많은 슬픔과 마음을 더하고 빼더라도
결국 돌아오는 건 기쁨.
사랑은, 세상에서 가장 크고 넓다.

그때 나는 혼자였고
누군가의 인사가 그리웠으니까

여행 예능 〈텐트밖은유럽〉을 보면서 여러 번 울고 웃었다.
어떤 이유라고 딱 꼬집어 말할 수는 없지만,
여행을 해본 사람이라면 느낄 수 있는 오묘하고
벅찬 감정들 때문이었다.

아주 오래 전, 시청에서 체력측정사로 근무를 했을 때였다.
어린 나이에 비해 월급도 많이 받았고,
스스로 일을 그만두지 않는다면 오래 다닐 수 있는
편하고 안정적인 곳이었다.
'언제까지 이 생활을 계속 이어나갈 수 있을까?'라는
고민을 하던 시기에 모르는 사람에게 메시지를 받았다.

"당신이 원하면, 내가 여행을 시켜줄 수 있어요."

두려움과 설렘이 공존했다.
누군지도 모르는 사람이, 어느 날 갑자기 다짜고짜
여행을 보내준다고 하니까.
너무 궁금했지만 그 메시지를 읽고 답을 하지 않았다.

몇 주가 지난 뒤, 자주 가던 성북동의 카페에 방문했는데
얼굴도 이름도 모르는 거구의 남자가 마치 오랜만에 만난

친구처럼 나를 꼭 껴안으며 영어로 인사를 쏟아냈다.
너무 당황스러웠지만, 최대한 침착하게 그 상황을 이해하려고
노력했다.
알고 보니, 이전에 내게 메시지를 보냈던 그 사람이었다.
어릴 때 캐나다로 이민을 간 한국 사람.
그 사람은 외국 항공사의 승무원이었고
한국으로 비행을 왔다가, 쉬는 날 그 카페에 방문한 거라고 했다.

내가 자주 가던 카페의 주인은 글을 쓰는 작가님이셨는데,
그 사람도 작가님의 존재를 알고 있었으며, 내가 작가님의
SNS에 써둔 댓글을 확인하고 내가 갈 거란 사실을 이미 알고
그곳에서 나를 기다리고 있었던 것이었다.

우리는 그 자리에서 6시간 동안 쉬지 않고 대화를 나눴다.

우연히 만나게 된 그 사람은 나를 오래 지켜봐왔다며,
내가 쓴 글과 찍은 사진들을 보면서 더 넓은 세상을 다녀보면
좋을 거라고, 더 많은 것을 보고 느끼면 지금보다
더 좋은 문장을 쓸 수 있을 것 같다고 했다.
덧붙이기를, 나는 투명한 새장에 갇혀 있는 것 같다고.
괜찮다면 자신이 그 문을 열어주고 싶다고.

만난 지 얼마 되지 않은 사람이었지만, 본인을 믿을 수 있도록
계속해서 다양한 경우의 수를 제시해주었다.

아주 긴 고민 끝에 퇴사를 결심하고, 대학원 휴학을 했다.
한 학기만 휴학하고 조금 긴 여행을 다녀오는 것이
나의 계획이었는데,
대학원의 학사일정 때문에 한 번에 2년을 휴학하지 않으면 휴학
이 불가능하다는 답변을 받았다. 그때, 그 순간이 내겐 운명 같이
느껴졌다.

'지금처럼 안정적이고 평화롭지만, 큰 이변이 없는 삶을 살래?
아니면, 큰 결심을 하고 행동으로 옮겨 새로운 세상을 너에게
선물할래?'
아침에 눈을 떴다가 밤에 잠들기 전까지, 계속해서 그 질문이
머릿속을 맴돌았다.

가장 먼저, 나를 설득했고 그 다음 부모님께 이 상황을 이해시켰다.

그 이후 14일 정도의 일정으로 캐나다 여행을 떠났고,
그곳에 도착해서는 전에 세워두었던 계획이 점점 힘을 잃어갔다.
여행의 매력은, 계획이 자꾸 틀어지는 것.

틀어지면서 만날 수 없었던 장면들을 마주치게 되는 것.

밴쿠버에서 지내다가 계획에 없던 나이아가라 폭포를 보기 위해
2박 3일치의 짐을 싸서 토론토로 떠났다.

"두열아 우리, 나이아가라 폭포 보고, 스위스 갈래?
아는 누나가 있는데, 놀러 오래!"
그렇게 갑자기 스위스로 떠나게 됐고, 이탈리아로, 프랑스로,
그리고 영국까지 아주 긴 여행을 했다.
매일 양말과 티셔츠를 빨아서 입었다.
돈을 아끼기 위해 평소보다 많이 걸었더니, 양말에 구멍이 났다.
프랑스의 숙소에서, 양말을 버리는데 눈물이 났다.
그동안 같이 여행을 했다는 마음 때문이었다.

돌이켜보면 예기치 못했던 사건들이 모여 인생을 더욱 아름답게
만들었다. 새로운 곳에 도착할 때마다 새로운 나를 만날 수 있었
고, 그게 좋아서 자꾸만 새로운 곳을 더 찾아다녔다.

여행이 좋은 이유는
스스로를 더 돌보게 되고, 지난 시간을 돌아보게 되면서 지금이
어디쯤인지, 얼마큼 걸어왔는지를 가늠할 수 있게 되기 때문.

아름다운 순간들을 목격하고, 기록하고 붙잡아 영원히
지워지지 않는 장면으로 간직할 수 있기 때문.
매일 새롭게. 비슷한 과정이 반복된다고 해도 그것이 결코
같지는 않다는 확신이 생기기 때문.
여행을 하는 동안 우리는 이전보다 더 유연하고 단단해 진다는
사실을 온몸으로 겪기 때문.

잠겨있던 새장의 자물쇠를 열어 준 그 사람을, 이제 다시는
만날 수 없게 되었지만 인생의 한 때에 만나 서로에게 잊지
못할 기억을 선물했다는 것만으로 충분할 수 있었던 나날들.
잊고 있었던 다짐들이 새록새록 떠오르는 밤.

그때 나는 혼자였고 누군가의 인사가 그리웠던 것 같다.

앞 사람의 발자국이 전부가 될 수 있다는 걸 배운 날의 기록.

5월의 첫날

5월의 첫날. 오후 여섯시, 집 앞의 한강을 찾았다. 이곳은 합정과 망원 사이 어디쯤에 존재하는 곳. 몇 개의 계단을 오르고 조금만 걸으면 눈앞에 펼쳐지는 아름다운 풍경에 사람들이 일제히 걸음을 멈추는 곳. 사람들은 약속이라도 한 것처럼, 모두 카메라를 들고 해가 지는 쪽을 향해 열심히 셔터를 누른다. 연을 날리는 아이들. 자전거를 타는 사람들. 강아지와 산책을 하는 사람들. 삼삼오오 모여 앉아 잔을 부딪히는 사람들. 영원히 오지 않을 누군가를 기다리는 것처럼 보이는 사람까지.

'Heavenly playlist'를 재생시켜두고, 이 글을 쓴다. 한 겨울엔 모든 잎을 떨구고 겨울잠을 자던 나무들이 싱그러운 초록을 뿜내는 계절. 빛을 받아 반짝이는 물빛. 빛을 받아 반짝이는 눈빛. 지나가는 사람들은 가끔씩 나를 쳐다보며 나는 알 수 없는 말을 나누고, 나는 그 말을 추측한다. 나를 지나쳐 가는 사람들의 뒷모습을 바라본다. 내 시야에서 완전히 사라질 때까지.

필름 카메라를 가져왔으면 어땠을까, 하고 생각한다.

바람이 부는 방향으로 몸을 맡기는 초록과 물이 흐르는 방향을 따라 걷는 사람들.

영원히 한 번뿐일 이 순간이, 이토록 완벽하고 아름다운 장면이 언젠가는, 언젠가는 아무 일도 없었던 것처럼 사라지게 된다는 생각을 하는 시간. 좋아하는 노래를 실컷 듣고, 맛있는 음식을 사랑하는 사람과 함께 나누어 먹어야지.

닿은 곳마다 자신의 색으로 물들이는 빛의 뒤를 밟는다. 가만히 멈춰있다. 수평선 너머로 천천히 사라지는 태양처럼. 고요하게, 소란스럽지 않게. 서서히. 할 수만 있다면 아름답게. 그렇게 사라지고 싶다.

"잘 돼야 하는 이유가 많지.
그러니까, 잘 해야지.
부모님도. 동생들도 그리고 당신도.
오래오래, 같이 하자고
자, 건배."

바다에 다녀왔어요. 그리고 저는 행복해졌습니다.

'ON AIR'

방송국에 도착했고, 라디오 진행을 함께 할
아나운서를 만나 인사를 나눴다.
이리저리 살펴보다가 불이 꺼진 'ON AIR'를 발견했다.
처음으로 출연한 라디오 방송은 녹음으로 진행이 되었고
그 주의 일요일에 송출이 된다고 했다.
다음에는 라이브로 한 번 해보고 싶다는 생각을 했다.

목소리가 전파를 타고 누군가에게 가닿는다는 점에서,
라디오의 매력은 빛을 발한다. 마이크를 통해 스피커로
출력되는 내 목소리가 마음에 들었다. 아빠의 목소리는
성우처럼 울림이 깊고 부드럽고 마음의 한 구석을
진동하게 하는데, 내 목소리가 그의 음성을
닮은 것 같아 기분이 묘했다.

라디오 중반부에는 작가의 신청곡을 틀어주었다.
평소에 즐겨듣던 넬의 '청춘연가'를 요청했다.
노래 가사 중에 '그땐 잘 몰랐고, 그래서 무모했고,
또 그래서 더 아름다웠던 것 같아.'라는 말이 있어서.
이 가사가 내 마음에 닿아서. 잘 몰랐고 또 무모했지만,
그래서 더 아름다울 수 있었던 시절들이 떠올라서.

앞으로도 지나온 시간처럼,
아름답게 지나갈 수 있으면 좋겠다는 마음을 담아서.

후반부에는 책의 한 페이지를 직접 낭독하고,
마지막으로 청취자 분들께 하고 싶은 말을 할 수 있는 시간이
짧게 주어졌다.
책의 마지막 페이지를 읽으려다가, 문득 떠오른 생각을 꺼냈다.
"제가 좋아하는 영화중에서, 〈나는 전설이다〉라는 작품이 있어요.
윌 스미스가 아무도 없는 도시에서 혼자 무전을 해요.
'누군가 이 방송을 듣고 있다면, 당신은 혼자가 아닙니다.'라고요.
저도 지금 여러분이 보이지 않지만, 제 목소리가 잘 가닿았다면.
제 이야기를 듣고 어떤 생각이나 감정이 떠오르거나 느껴졌다면.
어떤 방식으로든 대답해주세요. 고맙습니다."

방송을 마치고, PD님께서 목소리도 좋고 떨지도 않는다며,
부드럽게 잘 했다고 말씀해주셨다.
사실 엄청 떨었는데. 위로를 받은 것 같아 기쁜 마음을 담아
챙겨 갔던 내 책을 선물로 드렸다. 짧은 만남이었지만,
다음에 어디에선가 또 반갑게 만날 것을 기대하며.

남들처럼 높게 쌓으려다 쏟아져 옆으로 넓어지려는 사람.
내 소개를 읽고, 한 친구는 이렇게 말했다.
난 오히려 그래서 더 좋다고.
넓게, 튼튼하게 기초를 다지고 그 다음에 쌓으면 남들보다
더 높이 쌓을 수 있게 될 거라고.

그의 말이 맞다.
저마다의 속도가 있겠지.
다른 사람에게는 매번 그렇게 잘 이야기 해주면서,
왜 스스로에겐 적용하지 않았을까.

오늘 밤처럼, 매일 밤마다 하나의 주제를 가지고 긴 글을
적어봐야지. 그 글을 모아서 다듬고 뭉쳐 누군가에게 전해야지.
잔잔한 마음에 파장을 일으켜야지. 일렁이게 해야지.
그리고 나도 같이 일렁여야지. 나를 사랑하는 사람들을 위해,
내가 사랑하는 사람들을 위해.

세상에 똑같은 건 없어. 있다면 둘 중 하나는 가짜야.

두 번째 이유

> "우리 인생에는 가장 중요한 두 날이 있다.
> 첫 번째는 우리가 태어난 날이고,
> 두 번째는 그 이유를 알아낸 날이다."
> — *Mark Twain*

5년 만에 떠났던 가족여행을 마치고, 서울로 올라가는 길. 동생과 단둘이 탄 자동차에서는 '사려니숲길'이라는 피아노 연주곡이 흐르고 있었다. 부모님 곁을 떠나 서울에서 3년 가까이 함께 살다가 지난봄, 각자의 공간으로 흩어진 우리는 예전처럼 이야기를 나눌 수 있는 시간이 많지 않았다. 취향도 취미도 너무 달라서 집에 같이 있을 때에도, 생각보다 많은 이야기를 나누지는 않았지만. 오랜 시간 같은 공간에서 살다 보니 자연스럽게 서로가 가진 마음의 깊이를 어느 정도 헤아릴 수 있게 되었다.

월급을 받으면 종종 집 근처의 고깃집에서 저녁을 함께 먹었다. 잘 마시지도 못하는 소주를 한 병 시켜 잔을 부딪히며 약간의 취기를 빌려 속상했던 일이나, 서운했던 일들을 털어놓기도 했다. 각자 두세잔 정도 마시면 얼굴이 벌겋게 달아올라서 남자 둘이 한 병을 마시지도 못한다고 서로 놀리고 웃기도 했었지만. 그 편안한 분위기를 핑계 삼아, 이때다 싶어 한 명이 먼저 용기를 내면 다른 한쪽도 그 용기를 받아 마음속 이야기를 꺼낼 수 있었다. 인생을 살다 보면, 가장 가까운 가족에게도 털어놓지 못하는 힘든 일을 겪을 수도 있고, 오롯이 혼자서만 감당하고 짊어져야 하는 그런 순간들이 있는데, 참을 수 없이 힘들거나 어떤 타이밍과 분위기가 맞아 떨어지면 속에 있던 응어리를 마구 꺼내게 된다. 꺼내고 보면 또 마음속에 품고 있을 때보다 별거 아닌 일이 되기도 했다.

"도준아 요즘은 어때, 별일 없고? 회사 일은 할만 해? 재밌어?"

"응, 재밌어. 형, 나는 죽이 되든 밥이 되든 이 일을 하면서 평생 살 거야. 형 근데 있잖아, 난 이게 죽이 될 것 같지는 않아."

별거 아닐 수도 있는 이 말 한마디가 정말이지 커다란 위로가 됐다. 그때 나는 운전 중이었고, 앞을 보고 있었기에 다행이지 하마터면 눈물이 차올라 글썽이는 걸 들킬 뻔했다. 아주 가끔이지만 동생과 그런 이야기를 나눌 때면 마음 한쪽이 저릿하면서도, 언제 이렇게 많이 컸지? 싶을 정도로 대견한 순간들이 있는데, 그날이 그랬다. 말 한마디가 가진 힘. 자신감 있는 눈빛과, 꼭 해내고 말겠다는 다짐들. 이렇게 순하고 잔잔한 장면들이 삶에 스며들면, 아주 잘 살고 싶어진다. 잘 살아서, 모두 보답하고 싶어진다.

지금껏 내게 도움과 응원을 주었던 모든 이들에게. 항상 받기만 하고 살았으니, 모두 돌려주고 싶다.

다른 사람들은 형제끼리 어쩜 그렇게 사이가 좋을 수 있냐고 물었지만, 우리에게는 당연한 일이었다. 아버지는 1남 4녀 중 장남이었다. 어릴 때부터 남자 형제가 없어서 힘든 일이 있거나 중요한 일이 있을 때마다 의논할 수 있는 형제가 있었으면 좋겠다고 하셨는데, 당신의 아들이 둘씩이나 있으니 집안의 가훈은 자연스레 '형제간의 우애'가 되었다. 그래서 우리는 너무도 당연하게, 싸우지 않고, 참고, 배려하고, 이해하며 자랐다. 함께. 이다음에, 부모님이 세상을 떠나면, 서로 의지하고 도울 수 있는 존재는 가족, 형제. 너희 둘뿐이라며. 그래서 우리는 가훈이면서 동시에 아버지의 소원이었던 형제의 우애를 지금까지도 꾸준히 잘 지켜오고 있다.

우리 인생에는 가장 중요한 두 날이 있다고 한다. 첫 번째는, 우리가 태어난 날이고 두 번째는 그 이유를 알아낸 날이라고 한다. 당신은 알아냈는가? 아니, 알아차렸는가? 어느 누구도 알려줄 수 없는 정답을. 오직 본인 스스로만 답을 구하고, 찾아낼 수 있는 그 이유를. 죽이 되든 밥이 되든 덤빌 수 있는 용기와, 그 용기를 뒷받침 할 수 있는 꾸준함과 노력. 자신감. 나는, 내 동생이 잘 됐으면 좋겠다.

그리고 믿는다. 분명 잘 될 거라고. '매일, 꾸준하게.' 본인 스스로를 믿고, 그 믿음을 지켜낸다면. 나도, 동생도, 당신도. 분명히 죽이 되지는 않을 거다. 하고 싶은 일을 하면서, 건강하고 행복하게 사는 것. 우리 모두의 소원이자 꿈일, 어쩌면 가장 쉽고도 간단한 것. 스스로를 믿고 신뢰하고, 응원하고 최선을 다해 노력하는 것.

엄마의 꿈

"엄마, 엄마는 꿈이 뭐예요?"
"엄마? 엄마 꿈은 너야."

어떤 세상

바다 끝에 닿으면 아래로 추락할 거라고 생각했던
그 시절의 사람들은 생의 마지막까지 곁에 함께 있어 줄
사람을 구별할 수 있었을까.
문제만 수두룩하고 답은 없었던 세상에서
사람들은 어떤 생각을 하면서 살았을까.

바다만 다녀오면 생각이 많아진다.
누가 버리거나 두고 간 생각들이 스며들어 그런가.

회복탄력성

상처를 받지 않는 것처럼 보여도,
누군가 무심코 던진 말에 맞아 마음이 아플 때가 많다.
그래도, 금방 다시 괜찮아지곤 한다.

"너는 회복탄력성이 좋지만 때로는 너무 좋아서,
이전의 일들을 금방 잊어버리는 듯 해. 조금만 주의를 하면
너에게 더 많은 도움이 될 거야!"라는 선배의 말.

정신이 번쩍 들었던 날.

우리는 모두 다르지만, 자세히 보면 조금씩 닮아있다.
눈을 감고 걸어도 맞는 길을 고르는 사람들이 있는 것처럼.
나는 자주 지나는 길에서도 새로움을 발견하는 사람.
우연히 스치듯 지나치는 장면에도 마음을 잔뜩 묻히는 사람.
앞과 뒤, 적당한 거리. 선과 시선.
지난 주말은 괜찮은 것들 투성이였다.

무해한 아름다움

어떤 꿈은 맑고 밝아서, 안쪽이 훤하게 다 보이기도 하지만.
우리가 볼 수 있는 건 일말의 가능성. 가진 것의 반을 걸거나,
전부를 쏟는 일. 알 수 없는 일들을 사랑하고 어쩔 수 없는
나를 인정하는 것까지. 무한하고 또 유한한 아름다움을 사랑해.

할머니, 할아버지

피곤이 몰려와서 잠시 누웠는데 할머니 방 한편에 걸려있던 모자가 눈에 들어왔다. 몸을 일으켜 꽃과 잎이 수놓인 표면을 손끝으로 문질러보았다. 까끌까끌한 느낌이 있었지만 시간에게 닿아 조금 닳아 있었다. 할머니는 모자를 언제 마지막으로 썼을까. 크고 넓진 않아도 사람을 감싸는 기운이 가득한 작은방. 큰 수술을 마치고 밝게 웃으시며 건강한 몸짓으로 동네 미용실에 다녀온 할아버지. 곱슬머리 파마를 하셔서 골뱅이 모양 앞머리가 생겼는데 그게 또 그렇게 귀여울 수가 없다. 만나고 헤어질 때 나누는 포옹을 더 먼 시간 동안 함께 할 수 있었으면 좋겠다. 조금만 아프고, 커다랗게 행복하면서. 마음만 먹으면 언제라도 돌아갈 수 있는 가족의 품이 있다는 게 오늘따라 참 든든하다.

슬픈 확신

누군가를 기다려 본 사람은 안다.
오지 않을 거라는 것을 알면서도 기다리는 것밖에는
할 수 있는 게 없다는 사실을.
줄에 바늘을 걸고 바다에서 무언가 건져 올려 본 사람은 안다.
아무리 넓고 깊은 세계라도
언젠가 한 번쯤은 마주치게 된다는 것을.

하늘이 참 예쁜 하루였다. 이사를 마치고 다녀온 결혼식. 차장님이 축가를 부를 때, 입으로 중얼중얼 노래의 가사를 따라 부르고 있는 동생분이 보였다. 난 왜 자꾸, 이런 모습들이 눈에 밟힐까. 신랑과 신부 친구의 축사가 참 좋았다. 아끼던 마음을 와르르 쏟아내던 순간. 한 손에는 마이크를, 한 손에는 적어온 편지를 들고 읽고는 있었지만, 사실 달려가서 안아주고 싶었을 것만 같다. 내가 맡은 임무는 필름 36장 모두 사용하기. 환하고 예쁜 모습들을 차곡차곡 담아냈다. 마지막에는 동시에 풍선을 하늘로 날리는데, 어른 아이 할 것 없이 모두 동심에 흠뻑 젖었다. 이게 행복이지, 행복하세요! 하고 마음속으로 중얼거렸다. 이사하느라 주말이 어떻게 지나간지도 모르겠다. 내일부터는 아침에 달리기도 하고, 다시 부지런히 살아야지. 새벽은 항상 먼저 오니까. 내일은 내가 새벽보다 먼저 일어나, 새벽을 기다려야지. 그리고 반겨줘야지. 어서 와! 하고.

마지막 눈

그해의 마지막 눈을 좇아 태백으로 떠났다. 구름의 방향을 읽고 그 뒤를 따르면 하늘에선 어김없이 눈이 쏟아져 내렸다. 눈이 그치고 나서도 한참 동안 하늘을 바라보았고, 온통 하얀 세상에 눈이 부셨지만 꼭 눈에 담고 싶어서 찡그린 채로 자주 두리번거렸다. 눈꽃, 혹은 눈의 꽃. 하얀 옷을 입은 나무들은 오히려 따뜻해 보였다. 손으로 두어 번 툭툭 치면 우수수 떨어지던 눈송이. 아름다움을 힘껏 껴안은 날이었다.

멀리

모든 일에 부정적으로 반응하는 사람을 멀리해야겠다. 해본 적
도 없으면서, 그거 해봤자 뭐가 달라지겠냐고 말하는 사람과 가
까이 지내지 말아야지. 어떤 식으로든 좋지 않은 영향을 받게
될 테니까. 나에게 가장 좋은 걸 줘야지. 아름다운 걸 자주 발견
하고, 눈빛과 마음을 예쁘게 쓰는 사람. 입 밖으로 꺼낸 말에 온
기가 담긴 사람이 되고, 그런 사람을 많이 만나야지.

봄비

비가 간절했던 사람들에게, 봄비는 기쁨 같은 소식이다. 아주
멀리서부터 반가운 소식을 전하기 위해 달려왔던, 한 사람처럼.
하나의 계절에, 하루의 날씨. 그 하루가 모든 것을 바꿔놓기도
하니까. 우리가 태어난 날 이외에도, 저마다 두 번째 생일을 하
루 정도는 정하고 살길 바란다. 그리고 그날이 왔을 때, 스스로
다짐했던 일이나, 꼭 지켜내겠다고 약속했던 것들을 떠올려, 다
시금 나를 돌아보고 한 걸음 내딛을 수 있는. 그런 하루가, 우리
에게 주어져야만 한다.

시시콜콜

자리를 박차고 일어나 옷 가게에 갔다. 'New'라고 적힌 곳에서 한 팔로 휘릭—하고 옷을 들추어 봤지만 딱히 맘에 드는 게 없다. 이번에는 'Sale' 코너로 가서 맘에 드는 옷이 있는지 살피고, 그러다 맘에 드는 색이나 디자인이 있으면 가격표를 스윽 본다. 39,000원. 괜찮은 가격이라고 생각하면서, 발길을 돌려 'Last One' 코너로 간다. 이 옷 가게에 마지막 남은 단 하나의 디자인. 단 하나의 사이즈. 마지막 남은 하나가 주는 특별함. 그 묘미. 제발, 맘에 드는 옷이 있어라…하고 봤는데! 정말 마음에 드는 셔츠가 있었다. 이젠 사이즈. 사이즈만 맞으면 됐다. 떨리는 마음으로 옷 안쪽에 달린 택을 확인하는 순간! XL. 모든 것이 완벽해졌다. 거울 앞에 서서 옷을 이리저리 대보고 흡족한 기분으로 계산을 마쳤다. "좋은 하루 보내세요."라는 말도 빼놓지 않고.

한결 가벼워진 기분. 이대로 집에 들어가긴 싫어서, 집까지 가는 가장 먼 길을 일부러 빙 돌아 걸었다. 골목에서 낮잠을 자는 할머니. 대문과 한 몸이 된 자전거. 고여있는 물웅덩이. 관심을 기울이고 봐야만 보이는 것들을 지나 집 앞에 도착했다.

이른 저녁을 먹고, 가벼운 옷차림으로 한강에 가야지. 걷다가 멈췄다가, 노래도 들었다가 눈도 감았다가. 이게 바로 행복이지, 하며 하루를 마무리해야지. 불완전하고 부족하지만 그래서 더 좋은 날들. 시시콜콜한 안부와 일상을 주고받으며 탄탄하게 쌓여가는 삶. 내가 내 인생을 아끼고 사랑하는 방식. 좋다. 좋아.

바람의 방향을
따라서

이 골목을 지나려면 다른 골목을 지나야 한다. 집을 나서자마자 만나게 되는 첫 번째 골목에서 우회전, 그리고 좌회전. 이후에도 만나게 되는 몇 개의 골목 앞에서 나는 빛의 세기나 바람의 방향을 따라 길을 고른다. 그럼 우연히 마주치게 되는 장면들을 보면서 행복하게 웃고, 그 길을 따라 망원시장에 접어든다. 아침을 부지런히 깨우는 사람들. 뒷모습에서도 느껴지는, 말로 표현하기 어려운 당당함을 목격하면 나도 고개를 들고 허리를 편다. 오늘 하루는 그냥 다 괜찮을 것만 같다. 앞으로도 매일 아침, 나에겐 수많은 날 동안 골목을 선택할 수 있는 기회가 주어질 테고, 난 그 선택 앞에서 꿈을 꾸어야지. 기쁘게, 살자. 아름답게!

사랑을 하자

사랑을 하자. 열심히 그리고 부지런하게. 우리에게 허락된 시간이
얼마 없어서가 아니라 우리가 이 세상에 머무는 동안 가능한 사
랑스러운 존재로 남길 바라는 그 마음 때문이라고 해두자. 사랑스
러운 사람은 충분한 사랑을 받아서 그런 상태의 사람이 되었을지
도 모르는 일이지만, 그전에 분명 사랑을 많이 했기에 누가 봐도
사랑스러운 사람이 되었을 가능성이 높다. 그러니 우리, 스스로
닫은 마음의 문을 살짝 열고 하자, 사랑을.

바람이 불든 누군가 그 문을 당기든. 안쪽에서 잠가두지 않는다면,
그 문은 결국 열리게 될 테니까.

전부 덮였다가, 모두 새롭게 시작했으면 좋겠어. 새롭게.

잊지 않기 위해

잊지 않기 위해 기록을 시작했다. 생각보다 많이 들춰보지는 않겠지만, 별안간 생각이 날 때마다 다시 도망쳐 머물 수 있는 공간이 있다는 마음만으로 충분했다. 필름을 감고 셔터를 누르기까지의 시간은 그 순간을 기억하는 순간부터 점점 더 커지는 그리움과 비례한다. 필름도 마지막까지 타오르는데, 그 모습을 닮고 싶어서 열심히 노력 중이다. 기억을 위한 기록. 아니, 내게는 어쩌면 기적을 위한 기록일지도.

꿈속의 사랑

꿈에서 아득히 먼 사람이 등장했다.
나는 용기가 많은 사람이었고 당당했다.
눈을 떴다가 다시 감아도 이어지는 꿈처럼.
조금 긴 시간이 걸리더라도 당신과 이어지면
좋겠다는 꿈을 꾸었다.
그럼 이제 다시, 눈을 감을 차례.

기쁜 일

내일은 보고 싶었던 사람들을 만나러 가야지.
내가 가면 그곳에 있는 사람들을 만날 수 있다는
당연한 사실이 이렇게나 기쁠 줄이야.

그날이 그립다

누군가의 이름을 크게 부르고 사람이 내 쪽을 바라보는 걸
기다렸다가 타이밍을 맞춰 셔터를 누르는 일.
다가가면 가까워진다는 어쩌면 당연하고도 당연한 사실이
감사할 때가 있다. 내겐 그날이 그랬다.

제주 여행

돌고래를 만나고 숙소로 돌아가는 길에, 밤부터 비가 내린다는 소식을 들었다. 구름 사이를 뚫고 바다로 쏟아지는 빛줄기에 반해서 차를 세웠다. 게스트하우스에서 만난 네 살 어린 동생이 "저는 여기에 한 달 넘게 있었는데 이만 오천 원만 내고 숙소에서 가만히 쉬고 있어도 매일 저녁 좋은 사람들이 찾아와서 너무 좋아요."라고 했다. 나도 그에게 좋은 사람이었을까. 비우기 위해 떠났다가 자꾸만 채워서 돌아오는 섬 제주.

나를 마주하는 시간

우리는 모두 무언가를 발견하고 싶어하고 발견한 그 무엇을 나
누고 싶어 한다. 이 나눔은 나눠본 자만이 알 수 있는 비밀스러
운 기쁨이자 행복이다. 조금만 더, 하면 될 것 같은 순간에 포기
하지 않는 마음은 우리를 성공보다 성장에 가깝도록 이끈다. 마
음엔 성장판이 없으므로 하늘에 닿을 수도 있지만 우리를 제한
하고 막아서는 건 결국 우리가 정한 두려움이나 스스로 정해둔
한계뿐이라는 것. 그걸 깨달았다면 그걸 넘어서려는 용기와 도
전은 여전히 나 자신의 몫이라는 것. 누구보다 빠르게 남들과는
다르게, 사는 것도 중요하지만 결국 인생은 나로 시작해 나로
끝나는 이야기. 선택과 집중이 내게 온전해질 때 우리는 비로소
나를 마주할 수 있게 되는 것일지도.

힘든 일이 있을 땐, 서로 꼬옥 안아주자.

아무말 없이.

성취

사람들은 각자의 자리에서 성공을 꿈꾸고, 부족함을 채우려는 부지런한 사람들 사이에 자꾸 나를 데려다 놓는다. 바쁘고 싶지 않은데. 바빠야 잘 산다는 착각 속에서 허우적거린다. 하고 싶은 일들을 하면서 지내고는 있지만 충전이 없으면 방전은 당연하다는 것을 깨닫는 밤. 비록 성과는 없을지라도 성취는 있길 바라면서.

진짜와 가짜를 구별하려거든,

먼저 진짜가 되어야 한다.

아름답다는 말의 의미는

'그 다음으로 나아갈 데가 없는 상태'라고 말할 수 있지 않을까요.

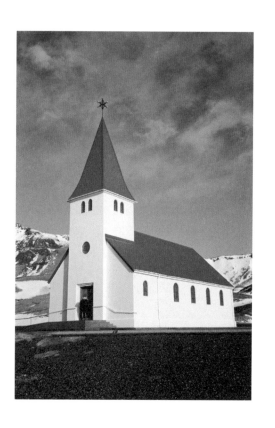

메리 크리스마스

일을 마치고 지하철역을 나서려는데, 종소리가 들렸다. 띠링띠링. 띠링띠링. 발걸음을 돌리기에 알맞은 박자였다. 지갑에 있는 지폐를 털어 구세군 자선냄비에 기부를 했다. 큰돈은 아니어도 누군가에게 전달이 됐으면, 하는 마음을 담아서. 내가 한 건 고작 빨간 통 안에 돈을 넣은 것뿐인데 빨갛게 마음이 달아올랐다.

나중에 시간이 흘러 나의 자녀에게 손에 지폐를 꼭 쥐어주며 "저기 빨간 통에 두 손으로 넣고 와."하고 말해주고 싶다. 우리 아빠가 나한테 그랬던 것처럼.

"메리 크리스마스."

100일

9월 23일부터 12월 31일까지 딱 100일이라고 그랬다. 그동안 나는 무엇을 할까. 매일매일 지킬 수 있는 작은 약속들을 만들어야지. 더욱 부지런히 혼잣말을 하거나, 더 많이 웃거나. 하늘을 쳐다보거나, 골목길에 피어난 꽃에 이름을 지어준다거나. 한강에 가거나, 눈을 더 많이 맞추거나. 결국 우리는 사랑하며 살기 위해 살아가는 게 아닐까. 저마다의 목적은 달라도 그 끝은 결국 이쁨 혹은 기쁨에 닿기를. 100일 동안, 해보자. 무엇이든.

그런 사랑

난 언제든 너에게만큼은 등대 같은 사람이고 싶었어. 내가 바다고, 네가 많은 걸 가득 실을 수 있는 배라고 한다면 네가 아주 먼 바다까지 나갔다가, 길을 잃지 않도록. 멀리서도 나를 알아볼 수 있도록. 반짝반짝 빛나고 있을 테니까. 걱정하지 말고, 원하는 만큼 멀리 떠났다가, 다시 돌아오고 싶을 때 언제든 나를 발견하라고. 그리고, 조금 오랜 시간이 걸리더라도 천천히. 있던 자리로 돌아오라고. 그렇게, 나는 제자리에서 널 기다리면서, 밤하늘의 반짝이는 달과 별에게 네가 오는 길을 잘 비춰달라고, 부탁하면서. 그렇게. 그런 사랑을 하고 싶었어.

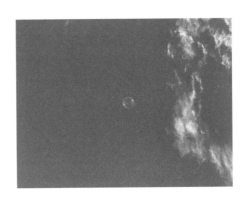

소중하다면, 어떻게든 지켜낼 것.

추운 나라에 있어도 우리는 사람 때문에 따뜻해질 수 있어.

다정함의 결과물

드라마 대사 중, 오래 기억에 남는 문장이 있다.

다정함을 지능으로 본다는 말.
상대를 안심 시킨다는 말.
그런 건 하루 이틀에 쌓이는 게 아니니까,라는 말.

함께 길을 걷다가, 움푹 파인 곳이 나타나거나 작은 경사가
있는 곳을 발견했을 때. "바닥, 조심"이라고 건네는
말 한마디. 식당에서 밥을 먹고 난 후에 "맛있게 잘 먹었습니다."
하고 말하는 일. 긴 시간을 함께 보낸 후에,
헤어질 때도 "덕분에, 행복한 하루였어. 고마워."하고
말할 줄 아는 사람.

누가 가르쳐 주지 않아도, 삶으로부터 배운 마음을 쓰는 일들.
살면서 스스로 얻어낸 다정함의 결과물.

결국 다정함이, 세상을 구할 거라는 믿음.

시간은 세상에 존재하는 경우의 수 중 하나로 흔적을 남긴다.

처음

우리가 '처음'에 대하여 오래 기억하고 자꾸 돌아보는 이유는 돌아갈 수 없기 때문이며, 언제나 모든 처음은 처음이자 마지막이기 때문일 것이다. 그때 했던 다짐들은 흐려지고 흩어져 사라져버렸지만, 어딘가에 숨어 내가 발견해 주기만을 기다리고 있는지도 모른다. 돌아갈 수는 없지만 돌아보게 만드는 힘을 가진 추억들에 대해 생각하는 아침.

열심히 하면, 포기하지 않으면
좋은 기회는 온다. 반드시.

높아지고 싶다면, 먼저 깊어져야 한다.

없던 보조개가 생기면 신이 더 아끼는 거래요.

멈추지 않고 걸으면 결국에는 도착한다. 미끄러지고 넘어져도. 멈추지 않으면. 멀게만 느껴지는 것들을 내 눈앞에 두려면 포기하지 않으면 되는 거다. 힘들고 어려운 순간들, 긴장의 끈을 놓을 수 없는 시간을 건너내면 반드시 단단해지니까. 그 단단함으로 어딘가에 부딪히고, 깨져서 다시 시작하게 되더라도.

그렇게 시간은 흐르고 흘러서
우리는 모두 아름답게 사라지는 거다.

우리는 모두
아름답게 사라지는 거야

초판 1쇄 발행 2023년 6월 1일
    2쇄 발행 2024년 2월 22일

지은이 윤두열

사진   윤두열
편집   윤두열
디자인 아침

ENFJ 920-6-01-DY
값 18,000원
이메일 duyeol0601@naver.com
인스타그램 @dooyory

어떤 날은 슬프고, 어떤 날은 기쁠 거예요.
어떤 사랑은 아프고, 어떤 사람은 빛날 거예요.
우리는 꼭 하나뿐이라서 아름다운 존재.
발견해 주셔서 고맙습니다.